El secreto de la Paz Interior

El secreto de la

Paz Interior

Disertaciones sobre la espiritualidad

Swami Ramakrishnananda Puri

Mata Amritanandamayi Center, San Ramon
California, Estados Unidos

El secreto de la Paz Interior

Disertaciones sobre la espiritualidad de Swami Ramakrishnananda Puri

Publicado por :

    Mata Amritanandamayi Center
    P.O. Box 613
    San Ramon, CA 94583
    Estados Unidos

—————————————— *The Secret of Inner Peace (Spanish)* ——————————

Primera edición por MA Center: septiembre de 2016

En España: www.amma-spain.org
    fundación@amma-spain.org

En la India:
    inform@amritapuri.org
    www.amritapuri.org

Dedicación

Amma, mi vida ya no está vacía.
Me siento repleto de una profunda paz.
Me brotan lágrimas de gozo
al pensar en la profunda huella
de tus sagrados pies que llevo
en el corazón.

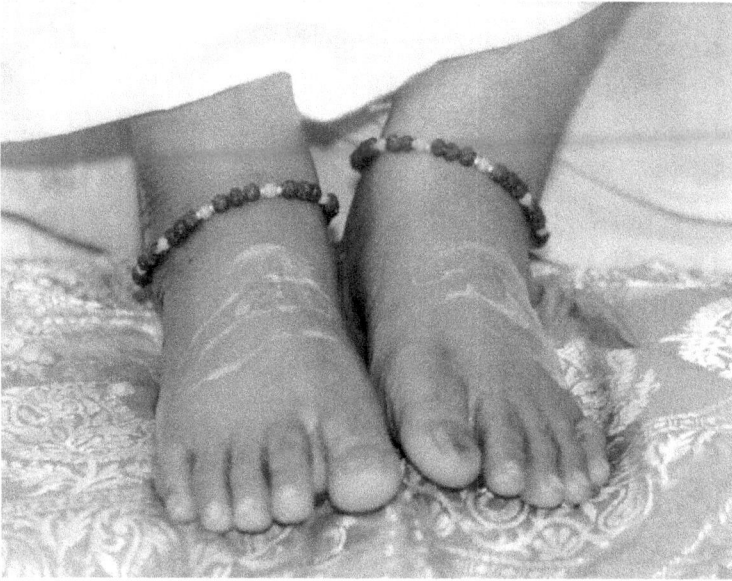

Ofrezco humildemente este libro
a los pies de loto de mi adorada Satguru,
Sri Mata Amritanandamayí.

Índice

Prólogo

El año pasado, cuando me puse a escribir *The Blessed Life*, todo parecía indicar que dispondría de todo el tiempo que fuera necesario para completarlo antes del 52º cumpleaños de Amma, fecha para la que me había propuesto que saliera publicado. Sin embargo, una tras otra, empezaron a surgir complicaciones: tuve que ir a distintos lugares de Tamil Nadu y Sri Lanka en los que se habían iniciado programas de ayuda a las víctimas del *tsunami*; tuve que asistir a programas en unas cuantas escuelas e institutos fundados por Amma en distintas zonas del sur de la India; y, además de todo esto, me organizaron un largo viaje por toda Sudamérica, pocos días antes de iniciar el cual le dije a Amma que tenía serias dudas de poder terminar el libro a tiempo. Pero ella sencillamente me contestó: "No te preocupes". Pensé que lo que me quería decir era que no me preocupara si no podía acabar el libro aunque, al mismo tiempo, me di cuenta de que también podía querer decir que no me preocupara porque ella me ayudaría a conseguirlo. Opté por ser optimista y decidí que la segunda interpretación era la correcta pero, al comentárselo al *brahmachari* que me estaba ayudando con la revisión del libro, me dijo: "*Swámiji*, si fuera un artículo lo que estás escribiendo, opinaría igual que tú pero, al tratarse de un libro, creo que sería mejor que optaras por la primera interpretación y que no te preocuparas por acabarlo. Así podrás dedicarte tranquilamente a todas las otras cosas que tienes que hacer".

Sin embargo, con la gracia de Amma, conseguí terminar el libro justo la noche previa a mi partida hacia Sudamérica y, al escribir la conclusión, me vinieron a la mente los siguientes versos de la *Gita Dhyanam*:

mūkaṁ karoti vācālaṁ
paṅguṁ laṅghataye giriṁ
yat kṛpā tam ahaṁ vande
paramānanda mādhavaṁ

Me inclino ante Mádhava,
Fuente de la dicha suprema,
Por cuya gracia el mudo consigue hablar con elocuencia
Y el cojo cruzar montañas.

Hoy más que nunca considero que esas palabras se corresponden perfectamente con el proceso de redacción de este libro, por su semejanza en la escasez de tiempo y en los obstáculos aun más evidentes que dificultaron su finalización. Por tanto, el que el lector lo pueda tener en sus manos en este momento se debe única y exclusivamente a la gracia de Amma, de la cual siempre aspiro a convertirme en un instrumento puro.

Swami Ramakrishnananda Puri
Amritapurí
27 de septiembre de 2006

Introducción

Un hombre oyó decir a un personaje radiofónico: "La mejor forma de que uno se sienta en paz consigo mismo es terminar todo lo que se haya dejado a medio hacer". El radioyente se lo tomó al pie de la letra y se puso a buscar todo lo que se había dejado a medias en casa: se acabó una botella de champán que tenía empezada, un *pack* de seis latas de cerveza, lo que quedaba de un paquete de galletas de chocolate, las tres cuartas partes restantes de un pastel de queso y arándanos, y una caja de bombones de *delicatessen*. Convencido de haber recibido toda una revelación, decidió llamar a todos sus amigos para comentarles su novedosa y maravillosa estrategia pero, al ir a coger el teléfono, se desmayó y, cuando volvió en sí, se encontró con que estaba en una camilla bajo los focos de una sala de urgencias.

Puede que nosotros también hayamos dado muchos pasos en falso y nos hayamos emprendido caminos equivocados en nuestra búsqueda de paz interior pero, si realmente queremos alcanzarla, en lo que nos tenemos que fijar es en la vida y enseñanzas de aquellos que ya la han alcanzado.

Aunque vivamos en el mismo mundo que los maestros espirituales y nos topemos con las mismas dificultades de la vida, lo cierto es que ellos viven satisfechos y en paz mientras que, nosotros, seguimos siendo presa de la ansiedad y la insatisfacción. En una ocasión, un científico vino a conocer a Amma y, cuando ella le preguntó qué tal estaba su familia, el hombre se echó a llorar porque su hijo no había sido admitido en la universidad que quería, a consecuencia de lo cual, el hombre llevaba varias noches sin dormir desesperado por el futuro de su hijo. A pesar de disponer de un intelecto colosal, ese hombre carecía de toda capacidad para afrontar los desafíos de la vida con ecuanimidad.

Quizás al lector le resulte difícil imaginarse que Amma, cuando la conocí hace veintinueve años, llevaba mucho tiempo durmiendo al raso y viviendo al aire libre, literalmente como una *sin techo*. Fue pocos años después cuando se erigió una pequeña cabaña, una vez instalado allí el primer grupo de *brahmacharis* (discípulos célibes). Por aquel entonces, nunca se me pasó por la cabeza que, de unos orígenes tan humildes, llegaría a surgir una imponente organización espiritual y de ayuda humanitaria al servicio de decenas de millones de personas de todo el planeta que crearía semejante impacto positivo de formas tan variadas.

Cuando algunas personas le preguntan a Amma: "Con todo lo que has conseguido en tan poco tiempo, ¿cómo te sientes al haber logrado tantas cosas?", ella contesta: "No siento nada por todo eso. No me afecta que el mundo me alabe ni me critique. Yo no ando buscando alabanzas ni reconocimiento porque yo me he ofrecido al mundo y, mientras este cuerpo aguante, seguiré al servicio de la humanidad sea como sea".

En aquellos tiempos en que no tenía ni un techo bajo el que dormir ni amistades por todo el mundo, Amma estaba en paz consigo misma. Ahora, aun siendo una de las figuras más reconocidas y respetadas en todo el mundo tanto por sus enseñanzas espirituales como por sus labores humanitarias, Amma está en paz consigo misma. Según ella, el auténtico logro espiritual consiste en ser capaces de mantener una mente ecuánime en todas las circunstancias – en no perder nunca esa paz interior que constituye nuestra verdadera naturaleza y nuestro verdadero hogar. Un pez se revuelca y rebota en la orilla del mar sin saber ni creerse que está al lado del agua, por culpa de lo cual, sufre. De forma semejante, nosotros seguiremos sufriendo mientras sigamos sin ser conscientes de que la fuente de toda paz y plenitud se encuentra en nuestro interior.

Había un hombre que acababa de caer desde la ventana de un segundo piso y estaba en el suelo rodeado de una multitud. En esto que se le acerca un policía y le pregunta: "¿Qué le ha pasado?" "Pues no lo sé", le respondió el hombre desde el suelo, "porque acabo de llegar".

Aunque nos dé risa lo disparatado de su respuesta, no es muy distinta nuestra condición como seres humanos. ¿Qué sabemos de cómo hemos llegado aquí, de dónde venimos o adónde vamos? ¿Es que sabemos realmente quiénes somos? Ser capaces de reconocer nuestra insensatez constituye un gran paso hacia la sabiduría ya que nos hace receptivos a la guía que nos puede aportar un auténtico maestro espiritual.

Mediante su gracia, su guía y predicando con el ejemplo de su propia vida, el maestro espiritual [1] nos ayuda a darnos cuenta de que no somos unas meras olas destinadas a estrellarnos irremediablemente contra la costa y desaparecer para siempre sino que, en realidad, somos el océano entero. Nosotros *somos* esa dicha suprema y esa paz eterna que llevamos toda la vida buscando, puesto que ésa es la naturaleza de nuestro auténtico Ser, de la Conciencia suprema omnipresente – el *Atman*.

Nunca ha existido un guía tan paciente, cariñoso y accesible como Amma. Todo lo que dice y hace, hasta el aire que respira, dan testimonio de esta verdad. Al fijarnos en la vida de Amma podemos aprender a sacarle el máximo partido a la nuestra – podemos descubrir el secreto de la paz interior.

---

[1] En el presente libro utilizaremos, por lo general, el masculino tanto por ser la forma genérica en castellano como para evitar estructuras tan incómodas como "el maestro o la maestra" o "a él o a ella". Ni que decir tiene que Dios no es ni masculino ni femenino, sino que está más allá de todo género. En los casos en los que el género no quede claro según el contexto, así como cuando se haga referencia a "el guru", se debe entender que se le está dando un uso genérico a la forma masculina.

La vida de Amma:
En sus propias palabras

"Amma no parará mientras tenga fuerzas para tender la mano a los que vengan a verla, para acariciar el hombro de alguien que esté llorando... Acariciar a la gente con cariño, consolarlos y secarles las lágrimas hasta que a este cuerpo le llegue la hora – eso es lo que Amma desea".

– Amma

Nacida en un pueblo de pescadores de la costa de Kérala, en el sur de la India, Amma dice que siempre tuvo presente que, tras este mundo cambiante de nombres y formas, existe una realidad superior. Desde pequeña, a todo y a todos les expresaba su cariño y compasión. En sus propias palabras: "Hay una corriente ininterrumpida de amor que fluye de Amma hacia todos los seres del universo. Ésa es la naturaleza innata de Amma".

Sobre su infancia, Amma comenta: "Desde su más tierna infancia, Amma se preguntó por qué tiene que sufrir la gente. ¿Por qué tienen que ser pobres? ¿Por qué tienen que pasar hambre? Por ejemplo, Amma se crió en un pueblo de pescadores y hay días que los hombres se hacen a la mar pero no pescan nada y, por culpa de eso, hay veces que no tienen nada de comer, incluso durante varios días. Amma se hizo muy amiga de todas esas personas y, al observar cómo vivían y las penurias que pasaban, tuvo la oportunidad de descubrir la naturaleza del mundo.

"Amma hacía todas las labores del hogar, entre las que se encontraba dar de comer a la muchas vacas y cabras de la familia y, para eso, tenía que pasarse por treinta o cuarenta casas de vecinos (había días que hasta sesenta) para recoger cáscaras de tapioca y otros restos de comida de ese tipo. Siempre que entraba en esas casa se encontraba con que la gente sufría – a veces porque eran ancianos, otras porque eran pobres o porque estaban enfermos. Amma se sentaba a hablar con ellos para que le contaran sus problemas, compartía su sufrimiento y rogaba por ellos. Cuando Amma tenía tiempo, se los llevaba a casa de sus padres y allí los bañaba con agua caliente, les daba de comer y, en algunas ocasiones, hasta cogía cosas de su propia casa para dárselas a esas pobres familias hambrientas.

"Amma observó que, de pequeños, los hijos dependen de sus padres y rezan para que vivan mucho tiempo y no se pongan enfermos. Pero cuando esos niños se hacen mayores, sus padres, que para entonces ya son unos ancianos, les suponen una carga y piensan: '¿Por qué tengo yo que dedicarme a hacer todas estas cosas para ellos?' Darles de comer, lavarles la ropa y tratarlos con atención se ha convertido en una carga para esos mismos niños que, años antes, rezaban para que sus padres vivieran muchos años. Ante esa situación, a Amma le surgió una pregunta: '¿Por qué hay tantas contradicciones en el mundo? ¿Por qué no hay auténtico amor? ¿Cuál es la verdadera causa de todo este sufrimiento y qué solución tiene?'"

Amma continúa: "Inmediatamente, desde dentro surgió la respuesta de que todo el sufrimiento de la humanidad se debía al karma de la gente, a los frutos de sus acciones del pasado. Pero Amma no se quedó satisfecha con esto y pensó: 'Si su karma es que sufran, ¿no es tu dharma[1] ayudarlos? Si alguien se cae en un hoyo, ¿es correcto pasar de largo con la excusa de que '¡Ah! Es su karma sufrir de esa manera'? No. Es tu obligación ayudarle a salir de ahí.

---

[1] El término sánscrito *dharma* quiere decir "lo que sostiene (la creación)". Se utiliza con distintos significados según el contexto o, más exactamente, para describir distintos aspectos de la misma cosa. En este caso, la traducción más adecuada sería "obligación". Entre otras acepciones se incluyen los conceptos de rectitud y armonía.

"Ya desde su infancia Amma supo que Dios – el Ser, el Poder supremo – es la única Verdad y que el mundo no es la realidad absoluta, por lo que se pasaba largos períodos sumida en profunda meditación, algo que no comprendían ni sus padres ni el resto de su familia. A causa de su ignorancia, empezaron a meterse con ella y a oponerse a sus prácticas espirituales".

Pero Amma estaba sumida en el pensamiento de Dios, sin que le afectaran en lo más mínimo ni las críticas ni los castigos que le imponía su familia. En esa época, pasaba días y noches enteras al aire libre, y eran los animales y los pájaros los que se ocupaban de ella, le traían comida y la sacaban de su profundo estado de meditación.

"Al experimentar la unidad con toda la creación, Amma se dio cuenta de que el propósito de su vida era ayudar a la humanidad, tan aquejada de problemas. Fue entonces cuando comenzó con su misión espiritual y empezó a acoger a todos y cada uno de los que se acercaba a ella como forma de transmitir su mensaje de Verdad, amor y compasión por todo el planeta".

Al poco tiempo, era cada vez más gente la que sentía el deseo de experimentar por sí misma el amor y la compasión incondicionales de Amma, y empezó a llegar gente de todos los lugares del mundo a esa anónima aldea de pescadores de Parayakadavu. No se tardó mucho en alcanzar un nivel en que los que desean experimentar el amor incondicional de Amma tienen que solicitar un número para hacer cola. En la actualidad, Amma pasa la mayor parte del año viajando por la India y por el mundo para que los que sufren puedan recibir la ayuda de sus palabras y la calidez de su cariñoso abrazo.

En su *áshram* residen unas 3.000 personas y, cada día, hay miles de visitantes procedentes de toda la India y del resto del mundo. Animados por el ejemplo con el que Amma predica, tanto los residentes como los visitantes se dedican a servir al mundo. A través de la amplia red de proyectos humanitarios de Amma, se construyen hogares para los que carecen de él, se dan pensiones a los indigentes y se proporciona atención médica a los enfermos. Son innumerables las personas de todo el planeta que contribuyen con esta obra tan amorosa. Tanto es así que Amma ha sido elogiada a nivel internacional por haber donado un millón de dólares a la *Bush-Clinton Katrina Fund* para las víctimas del huracán que arrasó el sur de los Estados Unidos así como por haber invertido más de 23 millones de dólares en ayuda humanitaria para las víctimas del *tsunami* de la India, Sri Lanka y las islas Andamán y Nicobar. Cuando un periodista le preguntó cómo se atrevía a comprometerse a recaudar semejante cantidad para ayudar a las víctimas del *tsunami*, Amma respondió: "Mis hijos son mi fortaleza". No se refería únicamente a los *brahmacharis*, las *brahmachárinis* y a los demás *ashramitas* que trabajan hasta 15 horas al día sin cobrar sueldo alguno, dedicados a proporcionar ayuda al máximo de gente posible en el menor tiempo posible. Al referirse a todos los millones de hijos que tiene por todo el mundo, Amma dijo: "Tengo muchos buenos hijos que harán todo lo que esté en sus manos". Acto seguido, le explicó al periodista que hasta los niños hacen muñecas o estatuillas para venderlas y entregarle el dinero que saquen a su querida Amma. "Hay niños que, cuando les regalan dinero por su cumpleaños o sus padres les dicen que se pueden comer un helado, les contestan que prefieren darle ese dinero a Amma porque ella lo usa para ayudar a los niños pobres. También hay niños que, al venir a ver a Amma, le entregan sus ahorros y le dicen que los utilice para comprarles lápices a los estudiantes pobres. Aunque Amma no quiere aceptar esa ofrenda, porque eso podría hacer que se sientan tristes los niños que no puedan ofrecer nada, al final no le queda más remedio que acceder. El gobierno no puede hacerlo todo.

¿Es que esos niños le darían el dinero al gobierno con el mismo cariño con que se lo dan a Amma?"

A Amma le llueven los reconocimientos internacionales: el *Centenario del parlamento mundial de las religiones* la nombró presidenta del credo hindú; fue elegida para dar el discurso de apertura de la *Cumbre del nuevo milenio por la paz mundial* en la sede de las Naciones Unidas; y, en el año 2002, le otorgaron el premio *Gandhi-King* a la no violencia. Pero incluso más recientemente, el *Centro Intercredos* de Nueva York le ha concedido a Amma – junto con Mohamed ElBaradei, ganador del Premio Nobel de la paz del año 2005 – el *Premio Intercredos James Parks Morton* en reconocimiento a su excepcional labor humanitaria y como guía espiritual, haciendo especial hincapié en el gigantesco programa de asistencia a las víctimas del *tsunami* de 2004 organizado por el *áshram*. En el momento de entregarle el premio, el reverendo James Parks Morton le dijo a Amma: "Es usted la personificación de todo lo que representa nuestro Centro".

"Al final", dice Amma, "el amor acaba siendo la única medicina capaz de curar las heridas del mundo. En este universo, el amor es la fuerza que lo mantiene todo unido y, a medida que surja en nosotros esta conciencia, irá desapareciendo la falta de armonía y tan solo reinará una paz perdurable". ❖

17

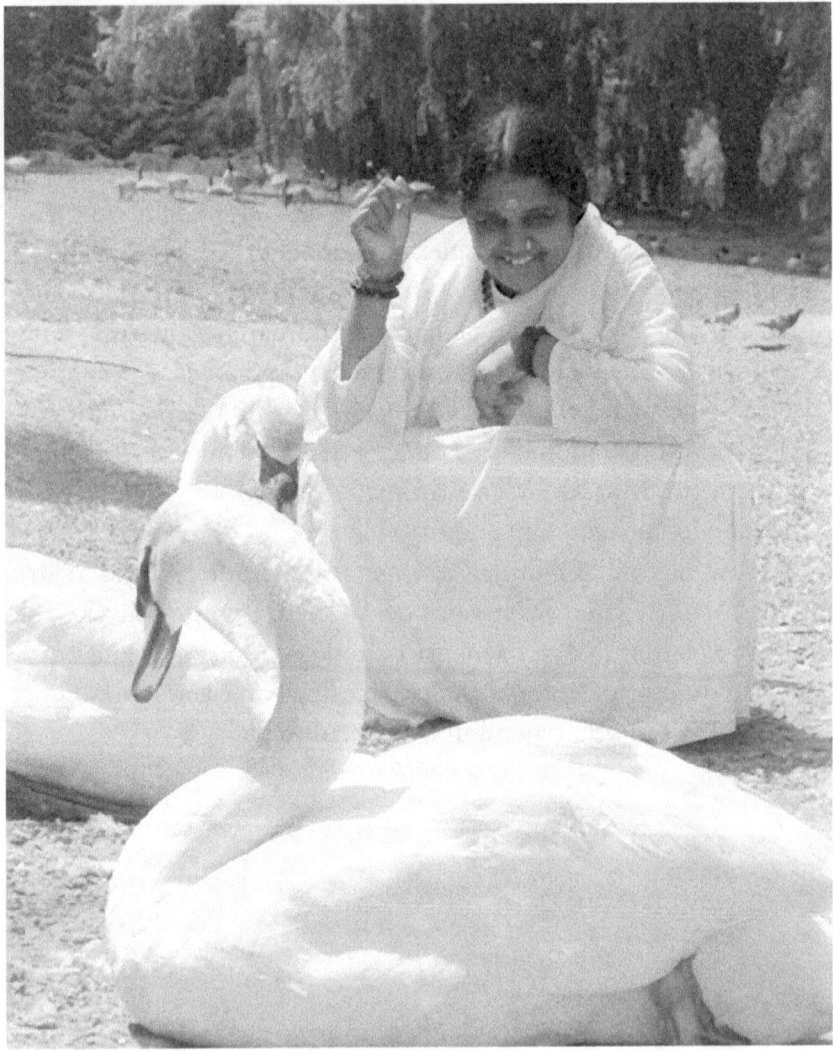

Capítulo I

Desarrollar una mente sana

"Las dificultades fortalecen a la mente, al igual que el trabajo fortalece el cuerpo"

– Séneca

Hace casi veinte años, cuando Amma empezó a viajar por Japón, Estados Unidos y muchos otros países desarrollados, yo era uno de los componentes del pequeño grupo de discípulos que la acompañaba. Al ser la primera vez que salía de la India, me impresionaba mucho todo lo que veía: todo el mundo tenía ordenadores, aspiradoras, lavadoras – incluso ya había gente con teléfono móvil. Aunque, actualmente, la India es una nación que se está desarrollando a pasos agigantados, en aquella época me fascinaba todo lo que veía en dichos países. Al observar el desarrollo tecnológico y el nivel de confort que predomina en el mundo occidental, pensé: "Desde luego, esto es el cielo". Hasta se me pasó por la cabeza que no hacía falta que Amma viniera a occidente porque daba la sensación de que todo el mundo tenía todo lo que necesitaba.

Pero al iniciarse el *darshan*[1] , la gente empezó a contarle sus problemas a Amma y, como yo tuve que hacer de traductor

---

[1] Literalmente, "ver". Tradicionalmente, se utiliza para referirse al hecho de conocer o reunirse con un santo o santa, de ver una imagen de Dios o de tener una visión de Dios. En este libro, *darshan* hace referencia al abrazo maternal que da Amma, sobre el cual ella misa dice lo siguiente: "Los abrazos y besos de Amma no deben considerarse algo corriente. Cuando Amma abraza o le da un beso a alguien, es un proceso de purificación y de sanación interior

muchas veces, me quedé boquiabierto al enterarme de todos los problemas que tenían – drogadicción, embarazos prematuros, divorcios múltiples, depresión… Antes de viajar a occidente yo pensaba que la depresión era un fenómeno atmosférico o una recesión de la economía, pero nunca había conocido a nadie que fuera al psiquiatra. En cambio, en occidente, me encontré con que hasta hay psiquiatras para perros. Me vinieron a la memoria las palabras del filósofo occidental Jean Paul Sartre: "Ya hay respuestas para todo menos para cómo vivir". Aunque era evidente que, visto desde fuera, la vida en todos esos países estaba repleta de comodidades, por dentro esas personas estaban sumidas en todo un torbellino así como muy necesitadas de que el bálsamo del amor de Amma les sanara las heridas de su corazón y de que la orientación espiritual que ella les ofrecía les ayudara a seguir adelante.

Para poder disfrutar de una vida en paz, tenemos que empaparnos de los principios espirituales y aplicarlos en nuestra vida diaria, lo cual implica despojarnos de nuestros apegos y expectativas, y comprender la naturaleza cambiante del mundo y de la gente.

Muchos consideran que la espiritualidad está bien como filosofía pero que no aporta nada con respecto a las cuestiones prácticas que se nos plantean en el día a día. Quizás nos estemos preguntando qué conexión puede haber entre la espiritualidad y la vida diaria. Supongamos que tenemos una infección grave en la pierna y que nos tienen que poner una inyección de antibióticos. No hace falta que el médico nos la ponga en la pierna. Nos la inyectará en el brazo. Pero nosotros tampoco nos vamos a quejar: "Doctor, es la pierna la que tengo infectada. ¿Por qué me está poniendo usted la inyección en el brazo?", porque sabemos que ese

---

en el que ella transmite a sus hijos una parte de su energía vital pura y les permite experimentar el verdadero amor incondicional.

medicamento viajará por la sangre hasta la infección que tenemos en la pierna. Pues algo parecido sucede con nuestras prácticas espirituales – aunque nos dé la sensación de que no tienen nada que ver con nuestros problemas del día a día, lo cierto es que sí que existe un fuerte vínculo porque la espiritualidad es lo que nos prepara la mente para afrontar los muchos retos de la vida. De la misma forma que el medicamento se esparce por todo el cuerpo a través del riego sanguíneo, el medicamento de la espiritualidad se esparce por toda la mente y nos aporta beneficios en todos los aspectos de la vida.

Mirándolo bien, la vida tan solo consiste en una serie de experiencias variadas que se producen exclusivamente gracias a la mente y, cuando la mente no está funcionando, no experimentamos nada. Por ejemplo, cuando estamos en el sueño profundo, aunque el mundo siga existiendo, la gente esté hablando y riendo, y estén pasando muchas cosas a nuestro alrededor, nosotros no somos conscientes de nada de todo eso porque nuestra mente no está funcionando. El mundo sólo le experimentamos cuando nos despertamos.

Dado que percibimos todas nuestras experiencias a través de la mente, es importante que esté fuerte y goce de buena salud. Hay un dicho que reza: "La mente hace al hombre", y, por supuesto, también a la mujer. Por ejemplo, si soy un bailarín y el escenario sobre el que estoy bailando es inestable, mi actuación también se va a tambalear. Pues lo mismo sucede con la mente, ese escenario en el que se representa la obra de nuestra vida – si la mente está inestable, eso es lo que se reflejará en nuestra vida pero, si la mente está estable y sana, tendremos una vida relativamente feliz y tranquila. La mente es la que hace que nos sintamos felices e infelices, tensos o tranquilos. Y lo que nos ayuda a desarrollar una mente sana y, por lo tanto, a vivir más en paz y más satisfechos a pesar de la naturaleza cambiante del mundo que nos rodea, es poder darle una interpretación espiritual.

Érase una vez una mujer muy rica que había perdido mucho dinero en una transacción y, después de decirle a su pareja que se había quedado en la ruina más absoluta, le preguntó: "Cariño, ¿me sigues queriendo aunque ya no sea rica?"

"Claro que sí, mi vida", le dijo su pareja para tranquilizarla. "Siempre te querré ... aunque quizás ya no te vuelva a ver".

Así es el mundo – quien hoy nos quiere puede que mañana nos abandone. Puede que no siempre consigamos lo que tengamos planeado. De hecho, suele suceder que se consiguen cosas que uno no se espera. Puede que hoy estemos sanos como un roble pero, mañana, puede que nos enteremos de que hemos desarrollado una enfermedad que nos va a consumir. Al hacer hincapié en este tipo de certidumbres, la espiritualidad nos prepara para aceptar con ecuanimidad las distintas situaciones que la vida nos pueda aportar.

Amma dice que hasta se pueden tener más experiencias negativas que positivas, pero que la riqueza de nuestra vida no viene determinada por una cantidad determinada de experiencias placenteras sino por lo bien que sepamos afrontar las desagradables o las que nos supongan un desafío. Hay veces que nos vemos en la obligación de tomarnos un medicamento amargo para prevenir una enfermedad o para curarnos. De esa misma forma, aunque las experiencias positivas sirvan para mejorar nuestra calidad de vida, lo que nos ayuda a fortalecernos interiormente es tener la capacidad de lidiar con los problemas de la vida.

Cuenta una historia que, un día, un bufón de una corte se extralimitó con su rey y le insultó. El monarca, encolerizado, ordenó que lo ejecutaran de inmediato pero toda la corte le rogó insistentemente que tuviera piedad de ese hombre que llevaba tantos años a su servicio. Pasado un tiempo, el rey accedió a que, al menos, el bufón pudiera escoger cómo morir. Fiel a su estilo, el bufón respondió: "Si a su majestad no le importa, entonces prefiero morir de viejo".

En todas las situaciones de la vida se nos presentan dos opciones claras: podemos *resistirnos* a algo movidos por nuestro ego, nuestras experiencias del pasado, nuestros apegos y sentimientos negativos, o podemos *responder* utilizando cualidades positivas como el cariño, la compasión, la paciencia y la amabilidad. La clave para poder *responder* a una situación en vez de *resistirse* a ella se encuentra en la *aceptación*. Cuando se acepta una situación tal y como es, se empiezan a vislumbrar las lecciones y oportunidades que oculta, lo cual nos ayuda a adoptar la respuesta que corresponda. Sin embargo, la mayoría tenemos tendencia a *resistirnos*, a causa de lo cual nos acabamos sintiendo frustrados, enfadados o deprimidos. De esta forma, nos pasamos la vida *resistiéndonos* a las situaciones mientras se intercalan algunos momentos de paz en los que las cosas se desarrollan, temporalmente, de acuerdo con nuestras expectativas. De hecho, lo cierto es que siempre tenemos algún que otro problema pero, entre "problemón" y "problemón", en esos períodos en los que sólo tenemos "problemitas", decimos que las cosas nos van bien.

Un día, un niño de diez años al que le encantaban las artes marciales tuvo un accidente de coche que le destrozó el brazo izquierdo y se lo tuvieron que amputar. Aunque podría haberse *resistido* reaccionando con negatividad ante su mala suerte y abandonando su deporte favorito para siempre, siguió entrenando y su profesor de yudo decidió enseñarle un estilo que se podía practicar con un solo brazo.

Tres meses más tarde, como el chico tan solo había conseguido aprender un único movimiento, le pidió al profesor que le enseñara algunos más. Sin embargo, el maestro de yudo le aseguró que ése era el único movimiento que necesitaba aprender.

Al poco tiempo, el chico se apuntó a un campeonato. Aunque daba la impresión de que su oponente era muy superior a él ya que tenía dos brazos, era más corpulento y tenía más experiencia, cuando se le presentó la oportunidad, el chico lo inmovilizó aplicando justamente el movimiento que le había enseñado su maestro.

De regreso a casa en el coche, el niño le preguntó a su profesor: "¿Cómo he podido ganar con un solo movimiento?"

El maestro le contestó: "Lo que ha pasado es que has conseguido dominar uno de los movimientos más difíciles del yudo porque la única forma de defenderse para tu contrincante es cogiéndote del brazo izquierdo".

Gracias a que ese chico decidió *responder* de forma positiva al hecho de haber perdido el brazo en vez de *resistirse* a ello con negatividad, se encontró con que, al menos en las artes marciales, su punto más débil había pasado a convertirse justamente en su punto fuerte.

Pues igual que en el caso de este chico, nosotros también podemos aprender a *responder* ante las situaciones que se nos presentan en la vida en vez de *resistirnos* a ellas. Lo que pasa es que, aunque tenemos esa libertad de actuación, solemos desaprovecharla obcecándonos en que la vida nos está jugando una mala pasada.

Puede que el lector ya conozca algunas de las anécdotas sobre la estricta disciplina que Damayanti Amma, la madre de Amma, le imponía a su hija de pequeña. Una de las enseñanzas que le inculcó fue que, si pisaba sin querer un trozo de papel tirado por el suelo, tenía que tocarlo con la mano y, después, tocarse los ojos en señal de respeto ya que cualquier papel representa a *Saráswati*, la diosa del aprendizaje. Pero también tenía que hacer lo mismo si ponía el pie en el umbral de una puerta (porque es algo que sirve para que uno pase de un lugar a otro) e incluso si pisaba una boñiga (porque la vaca quiere muy poco para sí misma pero le ofrece muchas cosas al mundo). Cuando Amma aún era niña, se tenía por costumbre no prender un fuego en casa sino utilizar el de otro hogar donde ya estuviera encendido, y todo el mundo iba a esa casa para prender allí su lámpara de aceite. Cuando Damayanti Amma enviaba a su hija a esas casas, de paso le decía: "Si ves que hay platos sucios, lávalos antes de marcharte; y si la casa está sucia, límpiala". Cuando algún invitado se quedaba a dormir en casa, su madre le decía a Amma que se saliera a dormir justo delante de la casa para que el invitado se pudiera quedar en su habitación. Al invitado siempre se le daba de comer primero. Según Amma, a su madre no le importaba que sus hijos no tuvieran qué comer con tal de poder ofrecerle comida en abundancia al invitado y agasajarle con todo tipo de atenciones, hasta tal punto que, en ocasiones, a sus hijos sólo les dio agua. La madre le tenía prohibido a Amma hablar al mismo tiempo que estuviera moliendo el curry con el fin de evitar que salpicara la comida con alguna gota de su saliva.

Como la mente de Amma siempre estaba profundamente inmersa en los principios espirituales, fue capaz de sacarle todo lo positivo a una vida tan aparentemente negativa – a pesar de la severidad de todas esas pautas, Amma dice que nunca abrigó animadversión alguna hacia su madre. De hecho, en ocasiones hasta hace referencia a ella en términos de *guru*, como cuando dice: "A pesar de no saber nada de espiritualidad, ella fue mi guía". Amma dice que, para ella, todas esas restricciones no eran algo distinto de la espiritualidad sino que consideraba que sirven para poder vivir con mayor conciencia. Esa capacidad que tuvo Amma de encontrarle un principio espiritual a todas y cada una de las instrucciones de su madre es un reflejo de la buena salud de la que goza su mente.

Un hombre que iba caminando por la playa se encontró en la arena una lámpara de latón vieja y deslustrada. La cogió y se la quedó mirando – al parecer, estaba vacía. "¿Y por qué no?", se dijo a sí mismo y, después de asegurarse de que no había nadie mirándole, la frotó un poco e, inmediatamente, apareció el genio, el cual le dijo: "Por ser tan amable, te voy a conceder un deseo, pero sólo uno".

El hombre se lo estuvo pensando un minuto y respondió. "Siempre he tenido ganas de ir a Hawai pero no he podido porque me da miedo el avión y, en los barcos, me mareo. Así que mi deseo es que se construya un puente de aquí a Hawai".

El genio se quedó pensativo unos minutos y dijo: "No, creo que eso no lo puedo hacer. Date cuenta de todo el trabajo que conlleva: los pilares para aguantar la autopista habría que sujetarlos al fondo del mar. ¡Imagínate la de hormigón que se necesitaría! Y eso por no hablar de los sistemas de drenaje, la iluminación… No, no, estás pidiendo demasiado. Pídeme algo más razonable".

Después de pensárselo otro minuto, el hombre le dijo: "Vale, a ver qué te parece esto. Mi mujer y yo nos pasamos la vida discutiendo. ¿Puedes cambiarla para que nuestro matrimonio sea perfecto?"

El genio se quedó cavilando, atusándose la barba y, al cabo de un rato, miró al hombre y le dijo: "Vale. ¿Quieres que esa carretera tenga dos o cuatro carriles?"

Amma dice que, de la gente de nuestro entorno, solemos esperar más de lo que realmente son capaces de aportarnos, lo cual ella compara con mirar a una rana pero creernos que es un elefante – si esperamos que una rana pueda hacer lo que un elefante, nos vamos a llevar un buen chasco.

Lo único que puede eliminarnos esas expectativas tan irracionales con respecto al mundo es una comprensión adecuada de los principios espirituales. Como Amma comprende y acepta la naturaleza del mundo, no tiene expectativas poco razonables sobre cómo la tiene que tratar la gente o sobre lo que le puede aportar el mundo. Una perspectiva así de clara es la que la espiritualidad nos puede ayudar a desarrollar. Puede que nunca consigamos ver el mundo tal y como ella lo ve pero, si reflexionamos sobre sus enseñanzas y seguimos su ejemplo lo mejor que podamos, no cabe duda de que veremos las cosas mucho mejor, podremos sentirnos más llenos de paz y más satisfechos en nuestra vida diaria, y seremos capaces de mantenernos enfocados en la verdadera meta de la vida humana: alcanzar la unión con Dios y con toda la creación. ❖

CAPÍTULO 2

El sujeto y el objeto

Cuando uno no es consciente del origen, va dando tumbos, sumido en la confusión y la tristeza. Cuando uno se da cuenta de dónde procede, de forma natural se vuelve tolerante, desprendido, las cosas le divierten, es tan bondadoso como una abuela y tan solemne como un monarca. Inmerso en la maravilla del Tao, uno puede afrontar todo lo que se le presenta en la vida y, cuando le llegue la muerte, estará preparado.

– Tao Te Ching

En plena temporada de celebraciones en la India, una noche un devoto estaba prendiendo unos fuegos artificiales espectaculares en el *áshram* de Amma. El ruido era ensordecedor y, el espectáculo, fabuloso. A mitad del acto, salió de su habitación una persona con problemas de audición y preguntó: "¿Quién ha encendido todas las luces?"

Si no nos funcionan bien los sentidos, no podremos apreciar bien los objetos que perciben. Si andamos mal de la vista, ni siquiera a plena luz del día conseguiremos ver con nitidez. Cuando nos quemamos la lengua, somos incapaces de disfrutar ni de la comida más refinada del mundo.

Pero para que se produzca una experiencia, no basta con que los sentidos funcionen a la perfección ni con que estén presentes los objetos de la percepción. Toda experiencia necesita de un sujeto, y ese sujeto es la mente.

Si dejamos los sentidos a un lado, veremos que, en cualquier experiencia, existen dos componentes fundamentales: el sujeto y el objeto o, lo que es lo mismo, la mente y el mundo que nos rodea. Para poder vivir en paz y armonía tenemos que ocuparnos tanto del sujeto como de los objetos de nuestra experiencia. Todos sabemos lo que es intentar mejorar los objetos de nuestra experiencia. Nos pasamos el tiempo buscando el mejor lugar para vivir, el trabajo con el mejor salario, la comida más rica y la pareja más atractiva pero, si no hacemos nada para mejorar el sujeto de nuestra experiencia – nuestra propia mente – seremos incapaces de disfrutar aunque nos encontremos en el entorno más lujoso del mundo[2]. Amma dice que la única diferencia que existe entre los ricos y los pobres es que los ricos lloran en habitaciones con alfombras y aire acondicionado, mientras que los pobres lloran sentados en el suelo de tierra de sus cabañas. Según ella, lo que de verdad necesitamos es "refrigerar" la mente. Si lo conseguimos, podremos vivir relativamente en paz allá donde nos encontremos.

Cuando la mente, a través de los órganos de los sentidos, entra en contacto con los objetos de nuestro entorno, tiene lugar un proceso que consta de tres fases. En primer lugar, la mente recibe el estímulo de los sentidos, cuya información es procesada

---

[2] Mientras que, para la mayoría de los filósofos occidentales, la mente es el sujeto, para el Vedanta la mente es un objeto puesto que somos conscientes del estado de nuestra mente – triste, contenta, enfadada, tranquila, etcétera – y todo aquello de lo que somos conscientes es un objeto. Sin embargo, el Vedanta va aún más allá al añadir que, mientras que la mente recibe la luz del Atman, es la propia mente la que ilumina a los sentidos. Obviamente, sin el Atman la mente es incapaz de funcionar pero, cuando la mente no está en funcionamiento – como sucede durante el sueño profundo – aunque el Atman esté presente, no experimentamos nada. De la misma forma que la luna, la cual recibe la luz del sol, derrama su luz sobre la tierra durante la noche, la mente, iluminada por el Atman, aporta a su vez su luz a los sentidos. Ésta es la perspectiva desde la que nos referimos a la mente como sujeto por las necesidades de este capítulo.

por ella y por el intelecto – puede que surja una emoción, un recuerdo, un deseo o un pensamiento. Finalmente, según sea el tipo de estímulo recibido y la condición en la que se encuentren nuestra mente e intelecto, respondemos al estímulo en forma de palabras o de acciones.

El primer paso para optimizar dicho proceso consiste en tener precaución con los objetos con lo que contactan nuestros sentidos. Al menos durante nuestro tiempo libre, la mayoría podemos controlar en gran medida el tipo de entorno en que queremos estar. Podemos optar por irnos a un cine, a una bodega o a un restaurante; o, con esa misma facilidad, podemos optar por ir a un parque, al zoológico, a una residencia de ancianos o a un centro de meditación. Cada ambiente ejerce sobre nosotros una influencia distinta que es lo que suele determinar nuestra reacción. A estas alturas, la mayoría de nosotros tenemos una idea bastante clara de los ambientes que nos aportan sensaciones positivas como paz, tranquilidad, cariño y compasión, así como de los que hacen sentir ansiedad, deseo sexual, celos, frustración y rabia. Al mantenernos siempre conscientes, tendremos la capacidad de decidir adecuadamente el entorno y los objetos con los que contactarán nuestros sentidos. Ni que decir tiene que, aunque hagamos todo lo posible por recibir estímulos positivos del entorno, no somos capaces de controlar la mente al cien por cien por lo que, hasta en un templo o en una iglesia, nos pueden surgir pensamientos y sentimientos negativos, para ilustrar lo cual Amma relata con frecuencia la siguiente anécdota.

Antiguamente, cuando Amma salía de gira por el norte de la India, se llevaba consigo a casi todos los residentes del *áshram* ya que sólo éramos unos pocos. Sin embargo, como con el paso de los años ha ido creciendo el número de *brahmacharis* y *brahmachárinis* de forma espectacular, ahora somos tantos que a Amma le resulta imposible llevarnos a todos de gira con ella. Actualmente, la mayoría de los residentes del *áshram* hacemos sólo la mitad de la gira. En una de dichas giras, había un *brahmachari* que todo su tiempo libre se lo pasaba de pie, al lado de Amma, con cara larga, siempre con el ceño fruncido e, incluso a veces, con lágrimas en los ojos, lo cual resultaba chocante puesto que, por regla general, en torno a Amma mientras da *darshan*, siempre hay un ambiente muy alegre, lleno de caras sonrientes. Un día, Amma le pidió que pasara a recibir *darshan* y le preguntó qué problema tenía. El joven le respondió sollozando: "Es que, dentro de poco, tendré que separarme de Amma. Dentro de una semana tengo que regresar al *áshram*". Eso se debía a que su grupo estaba haciendo la primera mitad de la gira de ese año.

"¡Pero si a todos estos otros hijos les pasa lo mismo!", le respondió Amma mientras le señalaba, con un gesto de la mano, todas las caras sonrientes que había a su alrededor. "Hijo mío, preocupándote por el futuro eres incapaz de disfrutar del presente, mientras que, todos estos otros hijos, que están disfrutando al máximo de los días que están pasando conmigo, estarán felices incluso cuando se tengan que marchar porque se sentirán pletóricos al recordar estos momentos tan preciosos".

De hecho, cuando ese primer grupo regresó al *áshram* y se unió a la gira el segundo, Amma descubrió que en él viajaba la contrapartida del *brahmachari* desanimado. Cuando le preguntó a este otro qué le pasaba, el *brahmachari* le contó lo que tanto le afligía: "Es que Amma no me ha traído a la primera parte de la gira". Ese pensamiento le amargó el resto del tiempo y le impidió disfrutar de la segunda mitad de la gira.

En ambos casos, lo único que hubieran tenido que hacer esos dos jóvenes *brahmacharis* era hacer un reajuste del sujeto – su propia mente – para poder disfrutar del objeto – el hecho de estar de gira con Amma.

No siempre nos resulta posible controlar completamente una situación externa y es inevitable que nos encontremos en situaciones y entornos desagradables que son proclives a sacar lo peor de nosotros. En tales ocasiones, incluso cuando reaccionemos de forma negativa, tenemos que conseguir regular nuestra respuesta para evitar causarle daño a alguien o a nosotros mismos por culpa de lo que digamos o lo que hagamos.

Amma suele contar la siguiente historia. Había dos chicos que, quitando el hecho de que eran hermanos, por lo demás no tenían absolutamente nada en común. Uno de ellos era un maleante empedernido que llevaba toda la vida entrando y saliendo de la cárcel, un gorrón que se había casado tres veces y que estaba irremediablemente enganchado al alcohol y a las drogas. En cambio, su hermano era vicepresidente de una empresa muy próspera y, en su tiempo libre, se había dedicado a lanzar una campaña de alfabetización para los niños discapacitados de su región. Se había casado con la chica de la que se enamoró en el instituto y, aunque tenían un hijo propio, habían decidido adoptar otro niño. Sorprendido ante semejantes diferencias, una persona les hizo a los dos hermanos la misma pregunta: "¿A qué se debe que tú seas como eres actualmente?"

El bala perdida le echó la culpa a su padre: "Todo es por culpa de mi padre, que era un alcohólico que nos pegaba sin ningún motivo y que, además, nunca nos dio nada de cariño. Y al final he acabado igual que él".

Cuando se le hizo la misma pregunta al que era vicepresidente, su respuesta fue: "La verdad es que es por mi padre. Su vida fue un desastre en todos los aspectos y me prometí que yo no caería en lo mismo, que no cometería sus errores. En cierto modo, le estoy agradecido porque, al menos, me enseñó cómo *no* se tiene que vivir".

Ambos hermanos habían recibido la misma carga negativa de un padre maltratador y habían tenido una infancia traumática pero su respuesta había sido completamente distinta. Todo depende de la condición del "procesador" – de la mente.

En la epopeya del *Srimad Bhágavatam* hay una historia que puede ayudarnos a aclarar este punto. El malvado rey Kamsa, al enterarse de que la predicción establecía que el octavo hijo de su hermana Dévaki lo mataría, decidió encarcelar tanto a ella como a su marido Vasudeva y, a medida que fueron teniendo hijos, nada más nacer los cogía por los pies y les reventaba la cabeza contra una roca.

Durante su octavo embarazo, Dévaki y Vasudeva tuvieron una visión en la que el Dios Vishnu les decía que, nada más nacer ese próximo hijo, Vasudeva tenía que llevárselo al pueblo de Vrindavan, en donde Yashoda, esposa de Nandagopa, el jefe del pueblo, justo habría tenido una niña. Vasudeva les tenía que entregar a ellos dos a su propio hijo varón y debía de traerse a la niña recién nacida para entregársela a su esposa Dévaki. Al nacer Sri Krishna como octavo hijo de Dévaki, Vasudeva siguió las instrucciones de Vishnu al pie de la letra.

Cuando llegó a oídos de Kamsa que Dévaki había dado a luz otra vez, el malvado rey se dirigió a toda velocidad a la celda en la que había nacido el nuevo bebé, se lo quitó a Dévaki de las manos, lo cogió por los pies y se preparó para romperle la cabeza contra una roca. Pero lo que no sabía Kamsa era que ese bebé que tenía cogido por los pies no era ni más ni menos que Yogamaya, una encarnación de la Madre Divina, la cual se zafó sin problema alguno de las garras del malvado monarca y empezó a crecer y a crecer. Entonces, de pie desde el firmamento por encima de Kamsa, Yogamaya le dijo: "A mí no me puedes matar. Si yo quisiera, te mataba ahora mismo sin ningún problema pero el que está destinado a acabar contigo está sano y salvo, fuera de tu alcance. Tienes los días contados".

Según algunos estudiosos, hay otra teoría para explicar por qué Yogamaya decidió perdonarle la vida a Kamsa en ese momento. Lo que sugieren es que la compasión de la Madre Divina es tan inmensa que protege a todo el que recurre a Ella. Tradicionalmente, el tocarle los pies a alguien es una expresión de sumisión y, aunque Kamsa se los tuviera cogidos a Yogamaya con la intención de matarla, la inmensa compasión del corazón de la Madre Divina hizo que le perdonara la vida.

Al igual que Yogamaya en esta historia, los *mahatmas*[3] como Amma siempre reaccionan de forma positiva sea cual sea el impulso externo que reciban. Para Amma, la mente no es más que un instrumento que tiene perfectamente controlado y que nunca se estropea ni funciona mal. Recuerdo que había un matrimonio que solían contarle a Amma sus problemas de pareja. De hecho, el marido tenía muy mal genio y siempre andaba echándole todas las culpas a su mujer pero, siempre que se quejaba a Amma de los defectos de su esposa, Amma la defendía incondicionalmente hasta que, un día, al hombre se le acabó la paciencia, no con su mujer, sino con Amma. Le levantó la voz y le empezó a echar en cara que nunca tenía en cuenta su punto de vista, el cual se puso a explicarle insistentemente una vez más. Amma le escuchó sin inmutarse y, cuando acabó de farfullar, se quedó callado y se dejó caer al suelo al lado de la silla de Amma. Entonces, ella le comentó con toda serenidad: "Bueno, ya te has agotado... Al menos hoy no te enfadarás con tu mujer. Hijo mío, cuando te entre el malhumor, hazme el favor de venir y desahogarte conmigo en vez de pagarlo con tu mujer. A Amma eso no le afecta

---

[3] Literalmente: "gran alma". Aunque, hoy en día, se le da un uso más amplio, en el presente libro el término *mahatma* hace referencia a la persona que vive consciente de su unión con el *Atman* o Ser universal.

en absoluto pero tu mujer sí que se toma en serio lo que le dices y eso le hace un daño que le puede durar mucho tiempo, tanto que hasta puede acabar quitándose la vida". Avergonzado de su explosión de rabia y temeroso de sus posibles consecuencias, el hombre le pidió perdón a Amma y, más tarde, a su mujer también. Por lo que me han dicho, a raíz de aquel incidente, este hombre se ha suavizado considerablemente y, por regla general, es mucho más paciente con su mujer.

Gracias al ejemplo con el que Amma predica, muchos de sus devotos han conseguido cambiar de actitud y de forma de pensar y, por tanto, reaccionar de forma más favorable ante las situaciones negativas. A este respecto, dos de los ejemplos más notables proceden del estado indio del Gujarat. Un devoto de dicho estado, que tiene una hija que reside actualmente en Amritapurí, vivía en Ahmadabad con su mujer y sus dos hijos antes del terrible terremoto que asoló la zona en 2001 y que, tristemente, le costó la vida a la madre y al hijo. De la noche a la mañana, el devoto lo perdió casi todo. Sin embargo, en vez de sumirse en la desesperación y perder su fe en Dios, viajó hasta Amritapurí para pedirle consejo a Amma. Durante los dos días que duró el viaje en tren, no compartió su tragedia con ninguno de los otros pasajeros sino que les estuvo hablando de la vida y enseñanzas de Amma, y hasta consiguió que veinte de ellos se suscribieran a la revista espiritual que el *áshram* publica cada mes. El hombre y su hija llegaron a Amritapuri ya de noche, justo cuando Amma acababa de regresar a su habitación después de los *bhajans* (cantos devocionales). Pero cuando le dijeron que acababa de llegar el padre con su hija, Amma les hizo venir inmediatamente a su habitación, una vez en la cual reposaron la cabeza en su regazo. El rostro de la Madre era un reflejo del inmenso pesar del marido y padre, así como del de la hija y hermana. Las lágrimas le resbalaban por las mejillas. Finalmente, el hombre le preguntó: "Amma, ¿qué hacemos ahora?"

"Amma siente que lo mejor para vosotros dos es que os quedéis un tiempo en el *áshram*", les dijo. "El *áshram* se hará cargo de los estudios superiores de tu hija".

Al oír esas palabras, al hombre se le iluminó la cara y exclamó: "¡Amma, qué gran bendición para nosotros!"

A pesar del dolor por haber perdido a su esposa e hijo, no se dejó hundir por el peso de la tragedia ya que también le preocupaba el porvenir de su hija. Por eso sintió tanto agradecimiento al presentársele la oportunidad de recuperarse de su pérdida mediante el servicio y las prácticas espirituales.

La conversación que Amma mantuvo con los habitantes de los pueblos del Gujarat afectados por el terremoto, de cuya recuperación ella decidió hacerse cargo, se ha hecho famosa entre los devotos por la de veces que ella misma pone como ejemplo de una notable entrega y fe en Dios a las cosas que le dijeron esas gentes. Cuando Amma les preguntó qué tal les iba después del desastre, le contestaron: "Estamos bien. Lo que Dios nos dio antes, ahora nos lo ha quitado. Pero estamos contentos de tener a Amma entre nosotros ahora".

En 2001, cuando un fuerte terremoto devastó varias zonas del Gujarat, la respuesta de Amma fue muy parecida a la que tendría casi cuatro años más tarde con ocasión del *tsunami* – de inmediato, envió médicos, ambulancias, *brahmacharis* y devotos para ayudar a las víctimas. Un año después del desastre, el *áshram* ya había reconstruido en su totalidad tres pueblos enteros – un total de 1.200 casas además de escuelas, salas comunitarias, depósitos de agua, clínicas y carreteras, incluyendo el suministro de electricidad y alcantarillado – en una zona llamada Bhuj, la más dañada por haberse localizado allí el epicentro.

Cuando el *sarpanch* (jefe del pueblo) de uno de los pueblos reconstruidos por Amma se enteró de que, a su vez, el de Amma había sido afectado por el *tsunami*, se trasladó en tren con otros nueve aldeanos del Gujarat hasta Amritapurí, en el sur de la India, para ayudar en lo que pudieran.

"Cuando las cosas nos fueron mal a nosotros, Amma vino y nos construyó pueblos", dijo el *sarpanch*. "Ahora que las cosas van mal en el pueblo de Amma, nuestro *dharma* es venir a ayudarlos". Esa es la mentalidad de las gentes de Bhuj.

Un antiguo devoto de Amma que reside casi siempre en Amritapurí había tenido que regresar a su país para ocuparse de unos asuntos familiares urgentes, por lo que no se encontraba en el *áshram* cuando tuvo lugar el *tsunami*. Lleno de angustia, se mantenía informado del desarrollo de los acontecimientos leyendo los informes diarios que aparecían en la página *web* del *áshram*. Sin embargo, al regresar a la India, comentó que lo que le producía más angustia era no poder hacer nada personalmente para ayudar a reparar los daños del *áshram* y colaborar con el rescate de las víctimas del maremoto. Dio la casualidad de que, la siguiente vez que regresó a su hogar, estalló una guerra que devastó a todo su país. Aunque este devoto lo tenía todo organizado para regresar a Amritapurí en los primeros días de la guerra, una vez hubo ayudado a sus familiares a escapar a naciones más seguras, le pidió bendiciones a Amma para quedarse a asistir a las víctimas y a los refugiados. En una ocasión, mientras caminaba por entre las ruinas de una calle destrozada por la contienda, encontró un momento para escribirnos unas líneas por correo electrónico: "Esto es mi *tsunami*", decía. "Podía haber huido en estos últimos días, como mucha otra gente pero, al recordar el ejemplo que da Amma, no podía evitar que se me partiera el corazón al contemplar el dolor y el sufrimiento de todas estas familias desesperadas. Siempre que me encuentro con alguien que está desesperado, pienso en la sonrisa de Amma y hago lo que puedo para darles algo de alegría y de consuelo".

Desde siempre y en todas partes, aunque especialmente en nuestros tiempos, lo dura realidad es que no podemos esperar encontrarnos solamente con gente feliz y situaciones tranquilas. Pero incluso cuando los objetos de nuestra percepción son desagradables o dolorosos, si el sujeto de nuestra mente se mantiene en buenas condiciones, podemos evitar caer en la desesperación, la rabia o la depresión, por lo que todo lo que irradiemos resultará beneficioso para la gente con la que nos relacionemos. Con la mente impregnada de principios espirituales y reforzada por nuestras prácticas espirituales, en lugar de tener una reacción automática y, con frecuencia, negativa ante los estímulos que recibamos, siempre tendremos la capacidad de responder de forma positiva. ❖

Capítulo 3

He aquí un ser humano: Cómo aprovechar al máximo la vida en la tierra

Los únicos que no cambian nunca son los más sabios y los más estúpidos.

— Confucio

A lo largo de nuestra vida, todos tenemos muchas experiencias, aprendemos muchas cosas y realizamos muchas actividades. Entonces, como seres humanos, todos tenemos personalidades múltiples – la personalidad del sujeto de la experiencia, la personalidad del que sabe y la personalidad del que hace. O también podríamos decir que nuestra personalidad consta de estos tres aspectos distintos.

Desde el momento en que nacemos, empezamos a experimentar el mundo a través de nuestros sentidos. La facultad que nos permite entrar en contacto tanto con lo agradable como con lo desagradable de este mundo es el aspecto de nuestra personalidad que "vive" la experiencia, algo que se manifiesta desde el primer momento de nuestra vida en el mundo.

El aspecto de nuestra personalidad que "conoce" es el que nos permite acumular conocimientos. Todos disponemos de los instrumentos de la comprensión, mediante los cuales podemos aprender lo que el mundo nos enseña.

El tercer aspecto de nuestra personalidad, conocido como el que "ejecuta" la acción, tarda más en desarrollarse. Un bebé es incapaz de planificar o realizar acciones deliberadamente. Aunque es evidente que sabe gritar y ensuciarse los pañales, no se trata de acciones planificadas que tengan un motivo determinado sino que son actos instintivos. No es hasta al cabo de cierto tiempo cuando comenzamos a hacer cosas deliberadamente.

Estos tres aspectos de la personalidad tienen ante sí un amplísimo abanico de actividades ya que existe un sinfín de posibilidades de experiencias, conocimientos y acciones. Desgraciadamente, la vida es tan corta que no nos da tiempo a experimentar, aprender o hacer muchas cosas.

Dado lo limitado del tiempo de que disponemos, nos encontramos ante un dilema: ¿a qué aspecto de nuestra personalidad le vamos a dar prioridad? Si nos dejamos llevar exclusivamente por el instinto, obviamente nuestro énfasis recaerá en la experiencia y los otros dos aspectos de la personalidad, conocer y actuar, estarán al servicio del que experimenta. Este excesivo hincapié en tener experiencias placenteras se pone de manifiesto incluso en la escuela, en detalles como, por ejemplo, que la mayoría damos prioridad a aquellas asignaturas que nos ayudan a ganar cuanto más dinero mejor, una tendencia que se mantendrá a lo largo de la vida.

Una vez un hombre fue a una librería a ver si tenían un libro titulado *Cómo hacerse multimillonario de la noche a la mañana*. Cuando el librero le entrega dos libros, el hombre le dice: "Gracias pero me basta con un solo ejemplar".

El librero le responde: "Le estoy dando un solo ejemplar de *Cómo hacerse multimillonario de la noche a la mañana*. Lo que pasa es que, cuando alguien se compra este libro, siempre le regalamos otro. Es una oferta que tenemos".

Eso sí que le llamó la atención al cliente: "¿De verdad? Y ¿de qué trata el otro libro?"

El librero le respondió: "Es un ejemplar del código penal".

Como en este ejemplo, si nos dedicamos exclusivamente a perseguir experiencias placenteras sin preocuparnos de desarrollar nuestros conocimientos ni de tener una conducta correcta, podemos acabar teniendo problemas.

Hace poco me contaron un caso que constituye una trágica ilustración de hasta qué punto se sobrevaloran las experiencias placenteras actualmente en el mundo. Un montañero que regresaba de hacer cumbre en el Everest falleció por falta de oxígeno y congelación. Pero lo más triste de la historia es que el Everest ya no es esa montaña desierta, esa tierra de nadie que Sir Edmund Hillary escaló por primera vez en 1953. Gracias a los avances tecnológicos y a la abundancia de guías experimentados, el Everest se ha convertido casi en una atracción turística, aunque a veces traicionera y por la que, en ocasiones, se paga un alto precio. Mientras ese montañero agonizaba en la ladera del Everest, cuarenta escaladores pasaron a su lado de camino hacia la cima. Cualquiera de ellos podría haber sacrificado su expedición a la cumbre para intentar salvar al moribundo dándole oxígeno y ayudándole a acabar el descenso. Pero ninguno se inmutó. Lo único que tenían en mente era sentir lo emocionante que es hacer cumbre, sin ni siquiera plantearse qué podrían hacer para ayudar a otro ser humano que necesitaba auxilio desesperadamente.

De hecho, al darle tanta prioridad al aspecto experiencial de nuestra personalidad, no nos diferenciamos mucho de los animales. La personalidad de los animales sólo consta de un aspecto, que es el de experimentar, el de sentir. Un burro o un chimpancé no van a la universidad ni se reúnen para hacer *sátsang* porque carecen del aspecto de búsqueda de conocimientos. Una vaca es incapaz de diseñar un arriesgado plan de escape de la granja porque carece del aspecto emprendedor de la personalidad. Todo lo que hace un animal obedece a sus instintos. Ese aspecto experiencial de la personalidad es lo que compartimos con los animales. Por tanto, aunque consigamos ser la persona que haya tenido las experiencias más variadas y más placenteras, no estamos más que compitiendo con los animales. Quizás sea esa la razón por la que se dice que la competitividad por tener éxito en el mundo es como "la ley de la jungla". Lo malo de esa ley es que, por mucho que ganes, no dejas de ser una fiera salvaje.

En Tamil Nadu vivió un *avadhuta*[4] que siempre andaba completamente desnudo y que, cuando alguien pasaba a su lado, siempre hacía algún comentario del tipo: "¡Por ahí va un perro!" o "¡Por ahí va un burro!", según qué *vásanas* (tendencias latentes) predominaran en dicha persona. Un día dio la coincidencia de que pasó por allí un *mahatma* de nombre Ramalinga Swami. Nada más verle, el *avadhuta* exclamó: "¡He aquí un ser humano!", dicho lo cual, cogió un trapo que había en el suelo y se lo ató a la cintura. Para ese *avadhuta*, todas las personas que no tenían cualidades humanas como el amor, la compasión o la amabilidad no eran más que animales, por lo que no sentía necesidad alguna de vestirse ante ellos. Pero en Ramalinga Swami sí que vio al verdadero ser humano puesto que había alcanzado la unidad con toda la creación y sólo ante un auténtico maestro sintió vergüenza de su desnudez. Con el tiempo, los hechos confirmaron la afirmación del *avadhuta*: cuando le llegó la hora, Ramalinga Swami no dejó un cadáver sino que se esfumó en una luz divina y resplandeciente.

Me han contado una anécdota muy bonita sobre un concierto que dio en Nueva York un violinista de fama mundial que, al haber tenido la polio de pequeño, lleva ortopedia en las piernas y anda con muletas. Como es costumbre, esa noche, el público

---

[4] Santo cuya conducta no se amolda a las normas sociales.

permaneció sentado en silencio mientras el músico atravesó precariamente el escenario hasta su silla, se aflojó con dificultad los aparatos ortopédicos de las piernas y se colocó el violín dificultosamente. Finalmente, le hizo un gesto con la cabeza al director y comenzó la sinfonía.

Pero en esta ocasión, algo fue mal. A mitad del concierto, se le rompió una de las cuerdas del violín y el público se armó de paciencia pensando en el rato que el concertista necesitaría para cambiarla. Sin embargo, el violinista no hizo más que una pausa, cerró los ojos y le hizo una señal al director para que volviera a comenzar.

La orquesta arrancó y el concertista siguió tocando desde donde lo había dejado. Aunque lo lógico es pensar que una obra sinfónica puede sonar horrenda tocada sólo con tres cuerdas, el virtuoso se las apañó para reinventarse la pieza sin desafinar ni una sola nota. Aunque no quedó igual, quedó bien – para algunos, incluso, mejor que el original.

Al acabar, todo el público se puso en pie y le dio una tremenda ovación. Al finalizar los aplausos, el músico sonrió y comentó tranquilamente: "Es que a veces creo que el artista tiene que descubrir cuánta música es capaz de hacer con lo que le queda".

Si a este artista sólo le hubiera preocupado su propia experiencia, ni que decir tiene que le habría supuesto una gran frustración tener que afrontar el problema de tocar con una cuerda rota además de su minusvalía. En cambio, se centró en todo lo que había aprendido y en lo que aún era capaz de hacer, y el resultado fue algo incluso más hermoso (aunque sólo fuera por la evidente dificultad) que la pieza original.

Dicen las escrituras del *Sanátana Dharma*[5] que, para triunfar realmente como ser humano, tenemos que conseguir que

---

[5] *Sanátana dharma* es el nombre original del hinduismo y significa "La eterna forma de vivir".

predominen en nosotros el aspecto conocedor y el emprendedor de nuestra personalidad. No es lo que experimentamos lo que nos hace triunfar como buen ser humano sino lo que hacemos y el conocimiento que poseemos.

En una ocasión, en el *darshan*, una mujer le dijo a Amma: "Amma, no para de dolerme la mano y me está amargando la vida".

Amma le respondió: "Te entiendo, hija mía. A Amma no para de dolerle todo el cuerpo".

Esas palabras fueron toda una revelación para esa mujer – el dolor de la mano se había convertido en el punto focal de toda su vida mientras que Amma, a pesar de padecer muchos más dolores, obviamente no permitía que eso le impidiera realizar sus actividades ni le afectara su estado de ánimo en lo más mínimo.

Si nos fijamos en su forma de vivir, observaremos que Amma no le da la más mínima importancia a lo que ella pueda experimentar sino que está plenamente establecida en el Conocimiento supremo y completamente dedicada a servir al mundo a través de sus actividades. Ni siquiera de joven quería estar sin hacer nada. Aunque se hacía cargo de todas las tareas del hogar para toda su familia, siempre encontraba algún momento para ir a visitar a algún vecino y ayudarlo en lo que pudiera. A Dios le rogaba: "Por favor, no dejes de darme cosas que hacer para Ti. ¡Que nunca me falten cosas que hacer en Tu nombre!"

Actualmente, ésta sigue siendo su filosofía de vida. Siempre que da la sensación de que un programa de *darshan* puede acabar temprano, Amma siempre hace lo posible para alargarlo, le dedica más tiempo a cada persona y hasta se pone a cantar *bhajans* mientras da *darshan*, lo que implica que, a veces, puede tener a la misma persona apoyada en su hombro durante toda la canción. Muchos de los que hacen la gira con Amma en el extranjero son conscientes de que trabaja sin cesar, sin comer ni descansar, y no pasan al abrazo para no darle aún más trabajo. Pero en situaciones así, Amma incluso les dice que pasen al *darshan* a las más de 150 personas que componen el equipo de la gira. Por lo que a mí se refiere, cuando veo que hay una multitud para el *darshan* de Amma, a veces lo primero que pienso es: "¡Uf! Hoy vamos a acabar muy tarde. ¡Qué poco voy a dormir antes del programa de la mañana!". Como es natural, cuando veo que hay mucha gente, dejo de pensar en mí mismo y me empiezo a preocupar por Amma. Pero que haya a ella no le preocupa en lo más mínimo.

Durante la gira por el norte de la India del año 2006, en algunas ciudades las multitudes que asistieron a los programas fueron sencillamente gigantescas, del orden de varios cientos de miles. Cuando uno le echa una ojeada a semejante multitud y se da cuenta de que Amma está dispuesta a abrazar a todo aquel que tenga la suficiente paciencia de esperar su turno, lo único que te entra es miedo. De haber estado en su lugar, cualquiera de nosotros habría salido corriendo del escenario y se habría escapado en el primer coche que hubiera pillado. Y si Amma se hubiera interesado en lo más mínimo por el aspecto "vivencial" de su personalidad, seguramente habría reaccionado de forma similar. Sin embargo, al ver a tantos hijos suyos reunidos en un mismo lugar, lo único que expresó fue felicidad.

Cuando Amma planifica sus giras, nunca toma en consideración los tiempos de descanso. Al acabar la agotadora gira de dos meses por Norteamérica, los *swamis* siempre le piden que descanse uno o dos días en algún lugar antes de regresar al *áshram* de la India, pero ella siempre quiere marcharse al día siguiente, aduciendo que sus hijos de la India la están esperando, lo cual confirma una vez más que su propia comodidad no tiene para ella importancia alguna.

Lógicamente, Amma no dice que no se pueda disfrutar de los placeres, pero sí que deberían basarse en el *dharma*. Lo que queremos para nosotros no debe ser perjudicial para los demás. Podemos ganar dinero y satisfacer nuestros deseos pero de forma honrada. La *Taittiriya Upanishad* (1.11.1) dice: "Nunca te despreocupes de tu bienestar – nunca te desentiendas de tu prosperidad". Los Vedas contienen gran abundancia de rituales que, practicados correctamente, permiten que se cumplan nuestros deseos[6]. De hecho, las escrituras nos animan a ser prósperos, no con el fin de enaltecernos sino para que tengamos la libertad de compartir nuestra riqueza con los pobres y los necesitados.

Para obligar al aspecto de nuestra personalidad que anhela las experiencias a respetar el *dharma*, será necesariamente imprescindible que nos sacrifiquemos y mantengamos una disciplina, lo cual nos purificará la mente en gran medida y, a su vez, nos permitirá ser capaces de permanecer en calma ante experiencias tanto placenteras como desagradables.

Durante la Guerra Civil de los Estados Unidos, unos predicadores del Norte fueron a animar a Abraham Lincoln en su lucha contra la esclavitud y le preguntaron: "Presidente, ¿le parece a Vd. que Dios está de nuestro lado?". Lincoln les respondió: "No me preocupa saber si Dios está de nuestro lado. Lo que me preocupa es si yo estoy del lado de Dios".

"Estar del lado de Dios" quiere decir actuar de acuerdo con el *dharma*. Dado que Amma vive plenamente consciente de su unidad con *Brahman*, siempre se atiene estrictamente al *dharma*, incluso en las circunstancias más duras. A pesar de que el *áshram*

---

[6] Los Vedas se dividen en dos partes: el *Karma kanda* (sección de rituales) y el *Gñana kanda* (sección del conocimiento). El *Karma kanda* se compone de rituales pensados para ayudar a que se cumplan los deseos del individuo y, al mismo tiempo, despertar en su interior el interés por la espiritualidad. El *Gñana kanda* se centra exclusivamente en el conocimiento de *Brahman*, la Verdad suprema.

se viera gravemente afectado por el *tsunami* de 2004 y sufriera graves daños materiales y pérdidas económicas, eso no constituyó en absoluto la principal preocupación de Amma. De no haber sido por ella, la catástrofe y la destrucción se podría haber apoderado de los *ashramitas* haciéndoles *resistirse* al desastre en lugar de *responder* ante él. Sin embargo, la *respuesta* de Amma fue inmediata, espontánea y perfecta. Sin haber recibido nunca formación alguna sobre cómo afrontar situaciones de crisis o de emergencia, Amma demostró ser una experta en el tema. En cuanto las aguas se abalanzaron sobre el *áshram*, su principal preocupación fue trasladar a tierra firme[7] a los habitantes del pueblo para ponerlos a salvo. Seguidamente, se ocupó de los devotos, después de los *ashramitas*, después de los animales del *áshram* y, finalmente, de sí misma. En lugar de correr a refugiarse en lugar seguro, Amma fue la última en desalojar la zona afectada una vez se hubo asegurado de que todo el mundo había sido evacuado, sano y salvo, a tierra firme.

De la misma forma que, si sufrimos un accidente, lo que más nos preocupa es la parte de nuestro cuerpo que se ha visto afectada, al percibir su propio Ser en todos los seres en igual medida, la principal preocupación de Amma era asistir a los que se hubieran visto más afectados y, aunque en los días siguientes derramó muchas lágrimas, no se debieron a las pérdidas que había sufrido el *áshram* sino, sencillamente, a que compartía el dolor y sufrimiento de los habitantes de la zona que se habían visto afectados por la tragedia. Las escrituras dicen: "Cuando uno ayuda a alguien, en realidad se está ayudando a sí mismo". Cuando hayamos desarrollado plenamente el aspecto conocedor de nuestra personalidad, seremos capaces de percibir esta verdad con toda claridad – la de que el mismo Ser está presente en todos

---

[7] El *áshram* se encuentra en una estrecha península entre las *backwaters* de Kayánkulam y el mar de Arabia.

y en todo lo que existe en la creación – y todo lo que hagamos será por el bien de todo el mundo.

Puede que, en un principio, nos cueste ver nuestro propio Ser en todo y en todos pero, si a cualquiera que veamos lo consideramos hijo de Amma o hijo de Dios, nos resultará fácil considerar que todos los seres humanos son nuestros hermanos y hermanas en la gran familia del mundo. Amma dice: "Cuando alguien hace de 'canguro', le puede parecer agotador cuidar de un bebé pero, para la madre de la criatura, cuidarlo es toda una alegría". Si podemos adoptar esta actitud de considerar que todos son parte de nosotros, todo lo que hagamos constituirá una recompensa en sí mismo y podremos ser como un rayo de luz en la vida de toda la gente que conozcamos. Pero es que no son sólo los demás los que se benefician, sino que Amma dice: "Cuando regalamos unas flores, somos nosotros los primeros en disfrutar de su fragancia". De forma similar, cuando sacrificamos nuestras preferencias con el fin de hacer felices a los demás, experimentamos una felicidad y una paz mucho más profundas que las que podríamos sentir al ver satisfechos nuestros deseos egoístas. No estamos hablando de un tópico sino del funcionamiento de un principio fundamental de la ciencia espiritual. Al comportarnos de esa manera se nos purifica la mente, lo que la permite reflejar con mayor claridad la dicha inherente del Ser. ❖

CAPÍTULO 4

Enfocarse en el Ser

yasya brahmani ramate cittaṁ
nandati nandati nandatyeva

El que mantiene la mente fija en Brahman (la
Conciencia suprema), Vive en la dicha, vive en la dicha,
vive sólo en la dicha.

– Bhaja Govindam, verso 19

Cuenta una historia que, a un *mahatma,* uno de sus devotos le regaló una esmeralda de incalculable valor. La noticia de que el *mahatma* tenía en su poder esa joya tan anhelada corrió como la pólvora y uno del pueblo no tardó mucho en ir a verle para pedirle que le ayudara a solucionar sus problemas de dinero. Cual no sería la sorpresa del hombre cuando el *mahatma,* sin vacilar ni un solo instante, le entregó la preciada esmeralda. Aunque el paisano regresó a su casa rebosante de alegría, al día siguiente se volvió a presentar ante el *mahatma* con aspecto demacrado y agotado, se postró ante él y le devolvió la valiosa alhaja. "¿Cuál es el problema?", le preguntó el *mahatma.*

"Anoche no pude pegar ojo", le explicó el paisano, "porque empecé a pensar: 'Si el *mahatma* está dispuesto a regalarme semejante alhaja sin pensárselo dos veces, debe ser porque tiene algo que valga aún más'. ¡Gran santo! ¡Tenga usted la amabilidad de darme ese tesoro que le permite regalarme esta joya con esa facilidad!".

"¿De verdad lo quieres?", le preguntó el *mahatma*. "¿Estás dispuesto a conseguir este tesoro, cueste lo que cueste?"

Ante su respuesta afirmativa, el *mahatma* acogió al paisano como discípulo y empezó a impartirle enseñanzas sobre las verdades espirituales.

Si de verdad nos interesa poseer la incalculable riqueza del conocimiento espiritual, Amma está dispuesta a dárnosla pero, desgraciadamente, la mayoría de nosotros no adquirimos el compromiso de descubrir ese tesoro oculto porque, en su lugar, nos dedicamos a acumular las baratijas de la gratificación instantánea que nos ofrece nuestro entorno. Amma suele poner el ejemplo de un niño al que se le ponen delante una caja de bombones y otra llena de monedas de oro – el niño siempre se tirará a los bombones porque no sabe que, con todas esas monedas de oro, podría comprarse todos los bombones que quisiera y más.

En las escrituras hinduistas hay un dicho: "El que renuncia a lo Permanente en su afán de conseguir lo perecedero, se queda sin lo Permanente – pero lo perecedero tampoco se queda con él". Si vivimos exclusivamente en pos de la fama y las riquezas, perderemos la oportunidad de volvernos conscientes de nuestro verdadero Ser y, al final, todo lo que hayamos acumulado en este mundo – todas nuestras posesiones y nuestros seres queridos – desaparecerán de nuestra vida. Aquí si que no hay elección. Lo único que podemos decidir es si queremos, o no, sacarle el mejor partido a nuestra vida para conseguir darnos cuenta de cuál es nuestra verdadera naturaleza.

Hace poco un periodista le preguntó a Amma: "Son tantas cosas las que has conseguido en la vida. Has pasado de ser una chica desconocida de una aldea recóndita a ser aclamada internacionalmente como una de las más importantes líderes espirituales y humanitarias de todo el mundo. ¿Qué sientes cuanto echas la vista atrás?"

Amma respondió: "Nunca echo la vista atrás. Siempre tengo la vista puesta en mi Ser". Esto no hay que entenderlo en el sentido literal de que Amma se pase la vida mirándose a un espejo, sino en el de que ni se arrepiente de nada del pasado ni le angustia nada de lo que le pueda deparar el futuro porque está siempre centrada en la Conciencia suprema, también conocida como *Atman* o Ser, porque ésa es nuestra verdadera naturaleza.

Al enfocar toda nuestra atención en el mundo externo, nos afectan todos los cambios que en él se producen. En el mundo, todo está abocado al cambio y a la destrucción y, cuando perdemos algo o a alguien, o cuando algo cambia o se destruye, sentimos rabia, pena, frustración y otros sentimientos negativos. Por otro lado, nuestro verdadero Ser no cambia nunca, es omnipresente, omnipotente y omnisciente y, al fijar la mente en dicho Ser supremo, nos sentimos plenos y lo único que sentimos es dicha.

Sean cuales sean las circunstancias, Amma siempre está serena y nada la altera. En cambio, nosotros, mientras todo nos salga como queremos, somos encantadores pero, en el momento en que nos tropezamos con algún obstáculo, perdemos toda nuestra serenidad. Por poner un ejemplo, vamos a recordar lo que sentimos cuando llegamos al aeropuerto y nos encontramos con que nuestro vuelo se ha retrasado. Aunque no tengamos nada que nos corra prisa, nos ponemos tan inquietos que ni siquiera nos podemos concentrar en lo que están echando en la CNN y, cada cinco o diez minutos, nos acercamos al mostrador de la compañía a ver si ha cambiado algo y, en ese ir y venir, aprovechamos también para llamar a nuestra familia y para compadecernos con los demás pasajeros de nuestro mismo vuelo.

Una vez me contaron esta anécdota. En una ocasión hubo un vuelo que se retrasó varias veces y todo el pasaje estaba esperando en la zona de embarque, agotado y de mal humor. Aunque el personal de la compañía se esforzaba por mantener la compostura, a uno de los auxiliares de vuelo le delataron sus palabras al anunciar por megafonía: "Estamos a punto de embarcar en nuestro vuelo 128. En primer lugar embarcarán los niños que viajan solos, los pasajeros que viajan con niños pequeños y los adultos que se están comportando como niños".

En cambio, Amma reacciona de forma muy distinta. En el año 2006, varios vuelos de la gira por Norteamérica sufrieron retrasos pero ella, en vez de quejarse y echarse las manos a la cabeza en señal de desesperación, se mantuvo muy tranquila y conservó el buen humor, aprovechando ese tiempo para practicar nuevos *bhajans*, interesarse por el estado de salud de los devotos que viajaban con ella, impartir enseñanzas espirituales a sus discípulos y recordar anécdotas graciosas que se habían producido durante el *darshan*. En esas situaciones, a Amma no le afectó en absoluto el hecho de que los vuelos se hubieran retrasado y, además, los devotos que la acompañaban estuvieron encantados de dicha circunstancia. Hubo un caso en que, al anunciarse un retraso de dos horas en la salida de un vuelo, algunos devotos que tenían que coger otros aviones se pusieron muy tristes porque no querían marcharse y dejar a Amma en el aeropuerto, hasta el punto de que una señora empezó a pedir interiormente, con todo fervor, que también se retrasara su vuelo. Cuando fue a mirar el monitor al cabo de un rato y ver que su vuelo también estaba retrasado indefinidamente, empezó a dar botes de alegría y fue corriendo a contárselo a Amma y a darle las gracias por esa bendición.

De no haber estado Amma ahí, seguro que a todas esas personas les habría molestado que les retrasaran el vuelo tanto como al resto del pasaje, y hasta se habrían puesto a exigir una indemnización a la línea aérea pero, como estaban con Amma, esa circunstancia se convirtió en una experiencia maravillosa.

Lógicamente ha habido situaciones en las que Amma y el grupo de la gira han padecido adversidades mucho más serias pero, si nos fijamos bien, veremos que, sea cual sea la dificultad, Amma nunca es presa de la angustia ni del miedo. Hace dieciséis años, en agosto de 1990, Amma estaba de gira en Moscú y dio su primer programa de tarde tal y como estaba previsto, en una sala más bien austera. Se preparó el puesto de los libros como siempre pero, cuando Amma se dio cuenta de lo extremadamente pobre que era la gente que había ido a verla, mandó que todo lo que había en la librería se distribuyera gratis entre el público.

A la mañana siguiente, durante el *darshan*, hubo un momento en que nos percatamos de que estaban pasando tanques por la calle y, al regresar a la casa del devoto en la que se alojaba Amma, nos enteramos de que había habido un golpe de estado, de que Gorbachev estaba bajo arresto domiciliario y que se habían cerrado el aeropuerto y las principales carreteras. Por su parte, el gobierno había desplegado tanques en todos los cruces y alrededor del Kremlin, formando un inmenso círculo y apuntando hacia fuera, hacia un hipotético atacante.

En un primer momento, algunos de los que viajamos con Amma nos sentimos muy preocupados y los devotos rusos de la casa recibieron a Amma entre llantos, aterrorizados de que estallara una guerra civil. Pero Amma estaba tranquila y les dijo que los que estábamos viajando con ella no teníamos por qué preocuparnos, que todo saldría bien.

Sus palabras no tardaron mucho en hacerse realidad. Al día siguiente, volvieron a abrir el aeropuerto y se produjeron muy pocos heridos durante el intento de golpe que precipitó la caída relativamente pacífica del comunismo. Más adelante, uno de los devotos rusos de Amma comentó: "La venida de Amma simbolizó la apertura y la sanación de Rusia. Su presencia en nuestro país ha permitido que se purifique el corazón de la gente, que crean en sí mismos y que luchen por la verdad".

Los devotos rusos informaron a Amma de que, esa tarde, sería imposible llevar a cabo el programa público que estaba programado. Aunque todas las casas del vecindario estaban cerradas a cal y canto por el miedo de sus ocupantes a perder la vida en aquellos momentos, Amma les pidió a sus anfitriones que abrieran las puertas de la casa para que pudiera venir a verla todo el que quisiera, y se hizo el programa en plan informal, en el jardín de la parte de atrás de la casa. Ese día fueron muchos los rusos que vinieron a Amma en busca de solaz, de consejo y para pedirle un *mantra*. A pesar de todos los tanques que se paseaban por las calles, en presencia de Amma nos olvidamos en gran parte del peligro de aquellos momentos.

Gracias a que Amma no fue presa del miedo ni de la desesperación, tuvo la capacidad de erigirse en fuente de paz y asesoramiento además de proporcionarles a los devotos rusos un santuario en unos momentos que podrían haber sido de los peores de sus vidas. Pero incluso en medio de semejante torbellino, Amma se mantuvo en calma y contenta, inmersa en la paz del Ser inmutable.

Resulta más fácil comprender el concepto de centrarnos en el Ser si utilizamos la metáfora de ir al cine. Al acabar la proyección, nos podemos sentir entusiasmados, tristes, aburridos, eufóricos o llenos de energía según lo que haya sucedido en la película, pero lo cierto es que nosotros no hemos hecho nada, sino que toda la acción se ha desarrollado en la gran pantalla. Los cambios que se han producido en nuestra mente no son fruto de dicha acción sino de que nos hemos identificado con lo que hacían los personajes. De forma semejante, a nuestro verdadero Ser no le afecta nada de lo que sucede en el mundo. Él sencillamente contempla todo lo que pasa. Lo verdaderamente cierto es que nosotros no participamos de las acciones. Nuestro auténtico Ser es como la pantalla y no como los personajes de la película. Sin embargo, como nos identificamos con el cuerpo, la mente y el intelecto, nos sentimos eufóricos cuando las cosas nos salen bien y deprimidos cuando nos salen mal.

Si lo que queremos es que no nos afecte la película, nos tenemos que identificar – o fijar nuestra atención – constantemente en la pantalla. De esa misma forma, si aprendemos a identificarnos con el Atman en lugar de con el cuerpo, la mente y el intelecto, podremos superar los altibajos de la vida. Este cambio de punto de enfoque – de lo aparente a lo Real, de lo temporal a lo Eterno – constituye el secreto para alcanzar la paz interior. Es la diferencia que hay entre los maestros espirituales y nosotros – miren donde miren, ellos no ven más que la Conciencia suprema o su propio Ser verdadero, indivisible, perfecto y completo.

Obviamente, todo el mundo coincide en que no es de lo más fácil enfocar nuestra atención en el *Atman*, el cual trasciende cualquier atributo. A los hijos de Amma les suele resultar más fácil concentrarse en ella y en los deliciosos recuerdos que ella forja a través de todas y cada una de las interacciones personales con sus devotos. Como su identificación con el *Atman* es total, concentrarse en Amma equivale a concentrarse en el Ser o en Dios. Este nexo con la conciencia de Dios es uno de los mayores regalos que Amma les da a sus hijos.

Sin embargo, enfocar nuestra atención en el *Atman* no quiere decir quedarse sentado en un rincón con los ojos cerrados. Después del *tsunami*, Amma hasta les prohibió a los *brahmacharis* que se sentaran a meditar mientras se necesitar que ayudaran a recoger escombros en las aldeas o, más adelante, a construir viviendas para los afectados por la catástrofe. Según dice Amma: "La auténtica meditación consiste poder ver a Dios o a nuestro propio Ser verdadero en toda la creación". ❊

Capítulo 5

Existencia, Conciencia, Dicha

*"En el momento en que tomes conciencia de Dios,
quedarás establecido para siempre en la dicha suprema".*

– Amma

Un periodista fue a entrevistar a un hombre que cumplía cien años y, después de hacerle algunas preguntas sobre los secretos de su longevidad, le cogió de la mano y le dijo con solemnidad: "Señor, espero que el año que viene pueda yo venir otra vez a felicitarle por su cumpleaños", a lo que el centenario le respondió: "¿Y por qué no va a volver usted? ¡Si está usted sano como un roble!"

A pesar de su avanzada edad, el anciano seguía rechazando la posibilidad de llegar a morirse algún día.

Sea cual sea su cultura, sexo, estatus social y demás diferencias superficiales, todos los seres humanos buscamos, esencialmente, tres cosas en la vida. La primera es que queremos que nuestra existencia se prolongue lo más posible. Algunos de nosotros hasta buscamos maneras de engañar a la muerte – los faraones egipcios trataban por todos los medios de asegurarse de que se les conservaría el cuerpo en perfectas condiciones y que tendrían comida en abundancia, incluso hasta criados para acompañarles en el más allá. Pero es que, hoy en día, también hay algunos que, al saber que su fallecimiento es inminente, estudian la posibilidad de ser crionizados con la esperanza de que los descongelen en el futuro, cuando la ciencia haya descubierto una cura para su enfermedad y haya desarrollado la tecnología para devolverles a la vida.

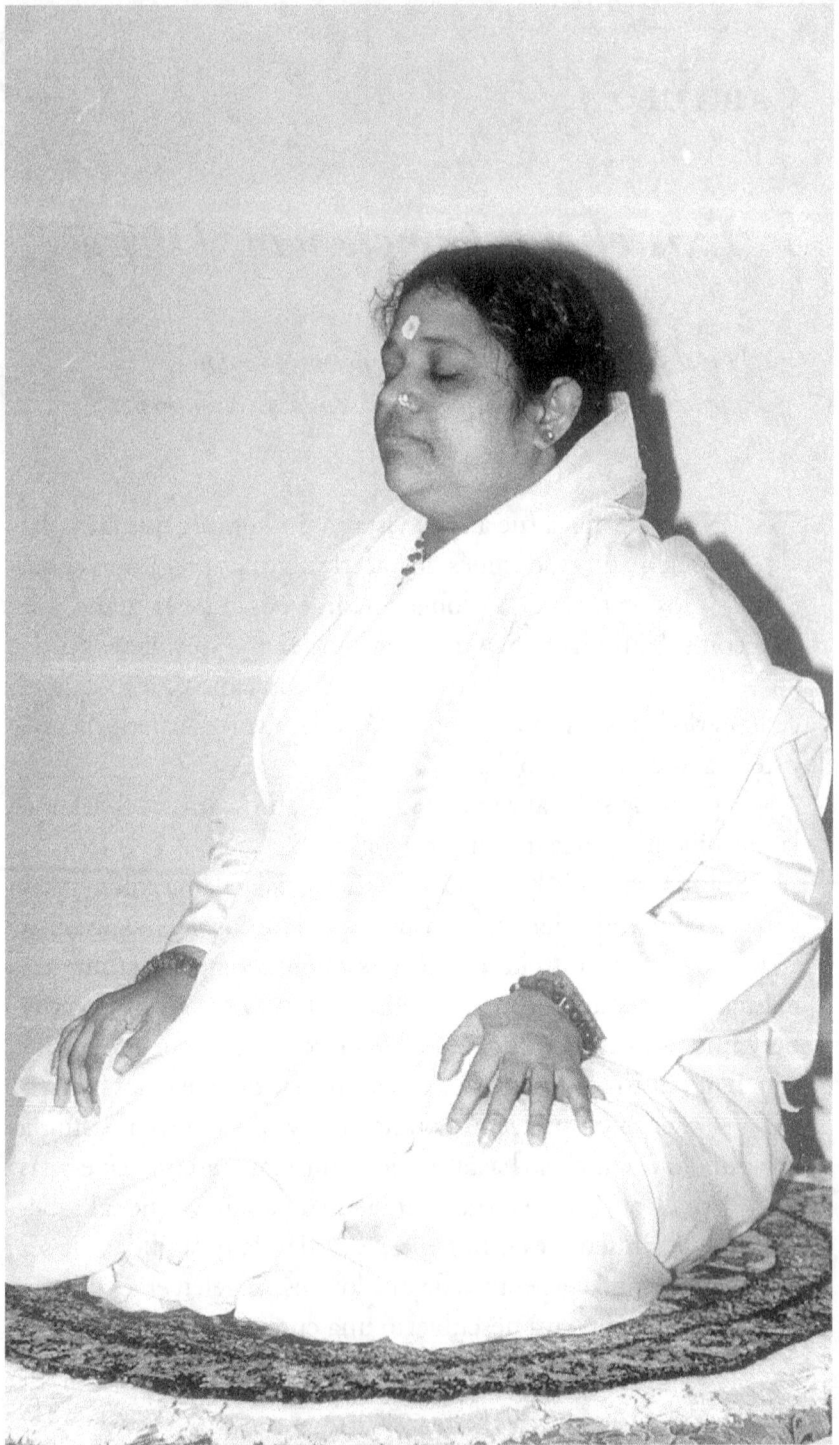

Por otro lado, todos deseamos aumentar nuestros conocimientos. Es decir, todos queremos saber más cosas, conocer más gente y más sitios. No es que con esto queramos decir que todo el mundo quiera sacarse un doctorado sino que hasta aquellos a los que no les interesan los estudios superiores siguen aprendiendo cosas del mundo a su manera, ya sea viajando, viendo la televisión, metiéndose en *Google* o cotilleando con los vecinos. Pero, por encima de todo, lo que más deseamos es ser felices. Siempre queremos estar contentos y este deseo subyacente es lo que nos lanza a hacer todo lo que hacemos cada día, desde lo más mundano a lo más ambicioso. Pero hasta que uno no se convence de que la felicidad es completamente inalcanzable, la posibilidad de una muerte temprana no se convierte en algo llevadero o, incluso, atractivo.

Fundamentándonos en estos tres objetivos básicos de la vida – longevidad, conocimientos y felicidad – desarrollamos una gran variedad de esperanzas y expectativas, no sólo para nosotros mismos sino también para nuestros seres queridos y, cuando las cosas no salen tal y como esperamos, es inevitable que nos sintamos tristes. Con el paso de los años vamos aprendiendo que no podemos controlar a la gente, los sitios ni las cosas, ni tampoco forzar ningún resultado simplemente basándonos en nuestras esperanzas y deseos.

Todos somos conscientes de las numerosas tragedias que han tenido lugar a lo largo de estos últimos dos años. A menudo, Amma dice: "No te preocupes – la vida es como un *tsunami*". Aunque pueda parecer un comentario cínico o pesimista, lo cierto es que no puede ser más realista ya que lo que Amma quiere decir es que no debemos preocuparnos de si vamos a perder todo lo que nos es más preciado porque, de hecho, lo acabaremos perdiendo algún día. En lugar de sentirnos aterrorizados por esta realidad inevitable, podemos ahorrarnos una enorme cantidad de sufrimiento innecesario si conseguimos aceptar dicha situación como algo que forma parte del orden natural.

De hecho, el mundo cambia sin cesar – no hay nada que se mantenga igual ni un solo instante. El año es el paso de las estaciones, el cuerpo humano atraviesa la infancia, la juventud, el estado adulto y la vejez. Si no hay un servicio constante de mantenimiento, cualquier carretera se acaba agrietando y cubriéndose de matojos y hierbas. Con el paso del tiempo necesario, hasta las montañas acaban desapareciendo y convirtiéndose en polvo.

En *Ananda Veethi*, texto original de Amma en el que describe su experiencia personal de unión con Dios, ella misma dice: "¡Cuántas verdades descarnadas hay para eliminar el sufrimiento de la humanidad!"

Aunque el hecho irrefutable del cambio y desaparición inminente de todas las cosas es algo evidente en todo lo que nos rodea, la mayoría de nosotros miramos para otro lado y optamos por ignorar, empecinadamente, que tenemos los días contados.

Aunque todos nos sabemos de memoria el viejo dicho de "Nada te puedes llevar a la tumba", nos dedicamos a amasar todo el dinero que podemos hasta el momento de la muerte. Amma cuenta la siguiente historia.

Había una vez muchos pacientes terminales pasando sus últimos momentos en un asilo para enfermos desahuciados. Consciente de que algunos de ellos estaban muy cerca ya del final, una enfermera decidió hacer entre todos una oración en grupo y les dijo que juntaran las palmas de las manos y dijeran: "Señor, perdóname todos mis pecados. Por favor, acoge a mi alma y cógeme en tus brazos…"

Pero uno de los pacientes, que no sólo no había juntado las manos en señal de oración sino que había mantenido los puños bien apretados, se desplomó muerto antes de que finalizara la plegaria. Al abrírsele los puños lentamente al morirse, aparecieron tres monedas que tenía ahí bien guardadas – como había sido un mendigo, se negó a unirse a la oración en grupo por miedo a que se cayeran al abrir los puños.

Obviamente, no hay nada malo en ganar dinero y tener las espaldas cubiertas toda la vida pero lo que vemos hoy en día es que hay gente que se cubre no sólo sus espaldas sino las de muchas generaciones venideras. Amma dice que si a esas personas se les abriera el corazón para compartir su buena fortuna con los más necesitados, el hambre y la pobreza desaparecerían de la faz de la tierra.

En última instancia, percatarnos de lo efímero que es todo lo de este mundo nos instigará a mirar hacia dentro y, una vez que nos demos cuenta de que esos objetivos primordiales de vida eterna, saber infinito y felicidad ininterrumpida son difíciles de aprehender en el mundo exterior, se empezará a producir un cambio en nuestra percepción de las cosas y buscaremos esos mismos objetivos dentro de nosotros mismos. Para describir nuestro auténtico Ser, las escrituras del *Sanátana Dharma* utilizan el concepto de *sat-chit-ánanda* o, lo que es lo mismo, existencia, conciencia y dicha suprema, porque la realidad es que el *Atman* constituye la meta que andan buscando todos los seres, y sólo es una cuestión de si se busca directa o indirectamente.

Esta descripción de nuestro Ser no es ni algo arbitrario ni fe ciega. En la antigüedad, los sabios de la India investigaron en su interior, se dieron cuenta de cuál era su auténtica naturaleza y se pronunciaron desde la perspectiva de su propia experiencia directa, ofreciendo unas descripciones que se pueden verificar hasta desde nuestro limitado estado de conciencia. A continuación vamos a tratar en detalle cada una de estas tres cualidades atribuidas al Ser.

En primer lugar, todos sabemos que estamos aquí, ahora, que existimos. Puede que neguemos que Dios existe pero nadie puede negar su propia existencia. No hay nada que surja de la nada. Lo que ahora es una mesa, antes existía en forma de árbol y, antes de eso, fue una semilla que, a su vez, provino de otro árbol. Si seguimos remontándonos de esta manera, finalmente nos veremos en la obligación de aceptar que la existencia es algo fundamental y que lo único que cambia son los nombres y las formas. Por tanto, vemos que *sat* (existencia) es un aspecto incontrovertible de nuestro verdadero Ser.

Para describir el segundo aspecto de nuestro Ser se utiliza el término *chit* (conciencia o conocimiento). Esta es la conciencia que nos hace darnos cuenta de nuestra existencia y de la de toda la creación. ¿Cómo sabemos que somos conciencia? Cuando entramos en la fase de sueño profundo, desde un punto de vista práctico, desaparecemos – el mundo no existe para nosotros ni somos conscientes de tener un cuerpo, ni recuerdos, ni deseos, ni tampoco parece que tengamos ninguna experiencia de nada. Sin embargo, al despertarnos, decimos: "¡Ah! ¡Qué bien he dormido!" ¿Cómo sabemos que hemos dormido bien? Porque, mientras están dormidos el cuerpo, la mente y el intelecto, la conciencia permanece. Tanto es así que la conciencia pura es el único elemento que se mantiene constante en los tres estados llamados vigilia, soñar y sueño profundo. Cuando estamos despiertos o soñando, la conciencia es consciente de objetos – de nombres y de formas. Pero, en el sueño profundo, lo que la conciencia percibe es la ausencia de objetos.

El tercer aspecto de nuestro Ser se define como *ánanda* o dicha suprema. Siempre que podemos, a la mayoría nos gusta dormir lo más posible. Eso se debe a que, durante el sueño profundo, la mente no funciona y experimentamos la dicha, lo cual es una indicación de que nuestra auténtica naturaleza, cuando desaparece todo lo que se le superpone – pensamientos, sensaciones, deseos, miedos – no es más que pura dicha, puro gozo. Igual que la luna se refleja con toda claridad en las aguas tranquilas de un lago, cuando se nos calma la mente, cuando se aquieta – cuando desaparecen los pensamientos y los deseos – nos sentimos inundados de dicha de la forma más natural.

En la *Brhadaranyaku Upanishad* hay un verso que dice:

na vā are patyuḥ kāmāya patiḥ priyo bhavati
ātmanastu kāmāya pati priyo bhavati

La esposa ama al marido no por el bien de éste
Sino por el suyo propio (y viceversa).

2.4.5

Puede que esta afirmación parezca cruel pero, si la analizamos en profundidad, veremos todo lo que tiene de cierto. Todo el mundo afirma querer a su familia por encima de todas las cosas pero, ¿qué sucede cuando nos sentimos traicionados por algún familiar? Que el marido se divorcia de la mujer, que la hermana se deja de hablar con el hermano y que la madre deshereda al hijo. Pero, si de verdad amáramos a nuestra familia, seguiríamos queriéndolos aunque nos empezaran a tratar mal y ya no nos aportaran ninguna felicidad.

A veces, cuando algún chico o alguna chica se instalan a vivir en el *áshram*, es natural que a los padres les moleste porque, en el fondo, habían puesto todas sus esperanzas en que se ocuparía de ellos cuando fueran mayores y, además, en tener nietos. Hace algunos años, en una temporada en que Amma se había ausentado del *áshram*, se presentaron los padres de un chico que se había venido a vivir aquí, armaron todo un escándalo y, al final, le dijeron a voz en grito que iban a ponerse en huelga de hambre y que no probarían bocado hasta que accediera a volverse a casa con ellos y a casarse con la chica que le habían escogido. El joven se encontró entre la espada y la pared – por un lado, el angustiaba mucho la salud de sus padres pero, por otro, sentía claramente que su vocación era una vida dedicada al servicio a los demás y a las prácticas espirituales. Entonces, como solución intermedia, y sin decirles nada a sus padres, el chico también empezó a ayunar, decidido a no comer nada mientras ellos mantuvieran su huelga de hambre. Sin embargo, dos días después, cuando era evidente que el joven no estaba dispuesto a cambiar de actitud, sus padres decidieron tomarse un buen desayuno y cogieron el primer tren con destino a su ciudad. Más adelante, el chico fue a verlos a casa e hizo todo lo posible para consolarlos y explicarles su punto de vista antes de regresar al *áshram.*

Cuando una persona o cosa no nos hace felices, no sentimos ningún interés por ella, y menos aún cariño, lo cual demuestra que sólo nos encariñamos con lo que nos hace felices.

Un día, un hombre apareció en las oficinas de la consejería de salud y se empezó a quejar de sus hermanos: "Tengo seis hermanos varones", le dijo al funcionario. "Vivimos todos en una sola habitación y ellos tienen demasiados animales domésticos – uno tiene siete monos y, otro, siete perros. Es horroroso. No hay quien respire ahí dentro. ¡Tienen que hacer algo, ustedes!"

"¿No tiene ventanas en la habitación?", le preguntó el funcionario de sanidad.

"Sí", respondió el hombre.

"Pues, ¿por qué no las abre?", le sugirió el funcionario.

"¡Ah, claro!", le espetó el hombre como si aquella hubiera sido la mayor memez que jamás escuchado. "¡Para que, así, se me escapen todas las palomas que tengo, ¿eh?"

Pues igual que ese hombre, la mayoría estamos más que dispuestos a hacer la vista gorda con nuestros fallos porque nos queremos completa e incondicionalmente. De ahí se deduce que nuestro Ser debe ser un manantial de felicidad absoluta e incondicional. Hasta los que sienten algún tipo de odio por sí mismos o piensan en el suicidio no se odian realmente, sino que sólo les desagradan sus circunstancias o su estado mental porque si, de repente, se les solucionaran todos los problemas o la mente se les quedara en paz, querrían seguir viviendo. Tanto es así que las escrituras nos dicen que el Ser no sólo es *una* fuente de felicidad sino que es *la* fuente de felicidad; que cuando sentimos que algo externo a nosotros nos hace felices no es más que porque hemos visto satisfecho algún deseo y, entonces, la mente se nos queda relativamente tranquila. Igual que, cuando las aguas están tranquilas, reflejan con claridad la imagen de la luna, cuanto más tranquila esté la mente, más claramente se reflejará en ella la dicha inherente al Ser.

Por regla general, vamos buscando lo que nos hace felices a corto plazo pero, tal y como dice el refrán: "Lo que con prisas se alcanza, a la larga también cansa". Son muchas las cosas valiosas con las que hemos intentado enriquecer nuestra vida en el pasado pero, obviamente, no nos han aportado ni felicidad ni paz duraderas porque, de lo contrario, no seguiríamos buscando – ni tú estarías leyendo este libro.

Llevamos muchos años buscando la satisfacción fuera de nosotros, ya sea mediante relaciones, logros, posesiones, hogares o vacaciones, y nos debería bastar con una sola experiencia para poder analizar correctamente una situación, igual que cuando estamos cociendo arroz y queremos saber si ya está hecho – basta con probar un granito. No hace falta que los probemos todos.

Hay una historia de dos soldados que son capturados como prisioneros de guerra. Mientras que uno acepta su condición de cautividad y accede a vivir como esclavo del enemigo, el otro estudia sin cesar las posibles forma de escapar, hasta cuando está haciendo trabajos forzados.

Pues al igual que estos dos hombres, nosotros también podemos escoger. La mayoría de la gente es como el primero – se contenta con los efímeros momentos de felicidad que proporciona el mundo y vive esclava de sus preferencias, sus deseos y sus miedos. Sin embargo, lo que tenemos que intentar es ser como el segundo prisionero – debemos enfocar nuestra atención en nuestro interior para dejar de estar encadenados a nuestros apegos y aversiones tanto a la gente como a los objetos de este mundo. Cuando tomamos la firme decisión de dirigir nuestra atención hacia dentro, nos encontramos con que nuestros tres objetivos – vida eterna, conocimiento infinito y felicidad ininterrumpida – siempre han estado ahí, en nuestro interior, en calidad de nuestro auténtico Ser. ❖

Capítulo 6

"¡Cambiar mente, por favor!"

Si se limpiaran las puertas de la percepción,
el hombre lo vería todo tal y como es: infinito.

— William Blake

H ace poco, recibí una carta de un devoto en la que me contaba la siguiente anécdota que, aunque redactada en todo jocoso, lo cierto es que resulta muy instructiva.

Todo empezó de la forma más inocente. De vez en cuando, en las fiestas empecé a pensar, para soltarme un poco. Pero claro, un pensamiento me llevó a otro y, cuando me quise dar cuenta, me había convertido en algo más que un pensador social - ¡Hasta empecé a pensar cuando estaba solo! Pensar se fue convirtiendo en algo cada vez más importante hasta que, al final, acabé pensando sin parar. Era algo que no podía contro-lar. Y, entonces, empecé a pensar también cuando estaba en el trabajo por lo que, en poco tiempo, me gané la fama de ser un gran pensador. Pero, un día, el jefe me llamó a su despacho y me dijo: "Me gustas y, precisamente por eso, me duele tenerte que decir que el hecho de que pienses tanto se ha convertido en un auténtico problema. Así que, si no dejas de pensar mientras estás trabajando, te vamos a tener que despedir". Eso me dio mucho que pensar.

Entonces fui a hacerme un chequeo y el médico me dijo que tenía hipertensión de tanto pensar y que, si seguía así, tenía los

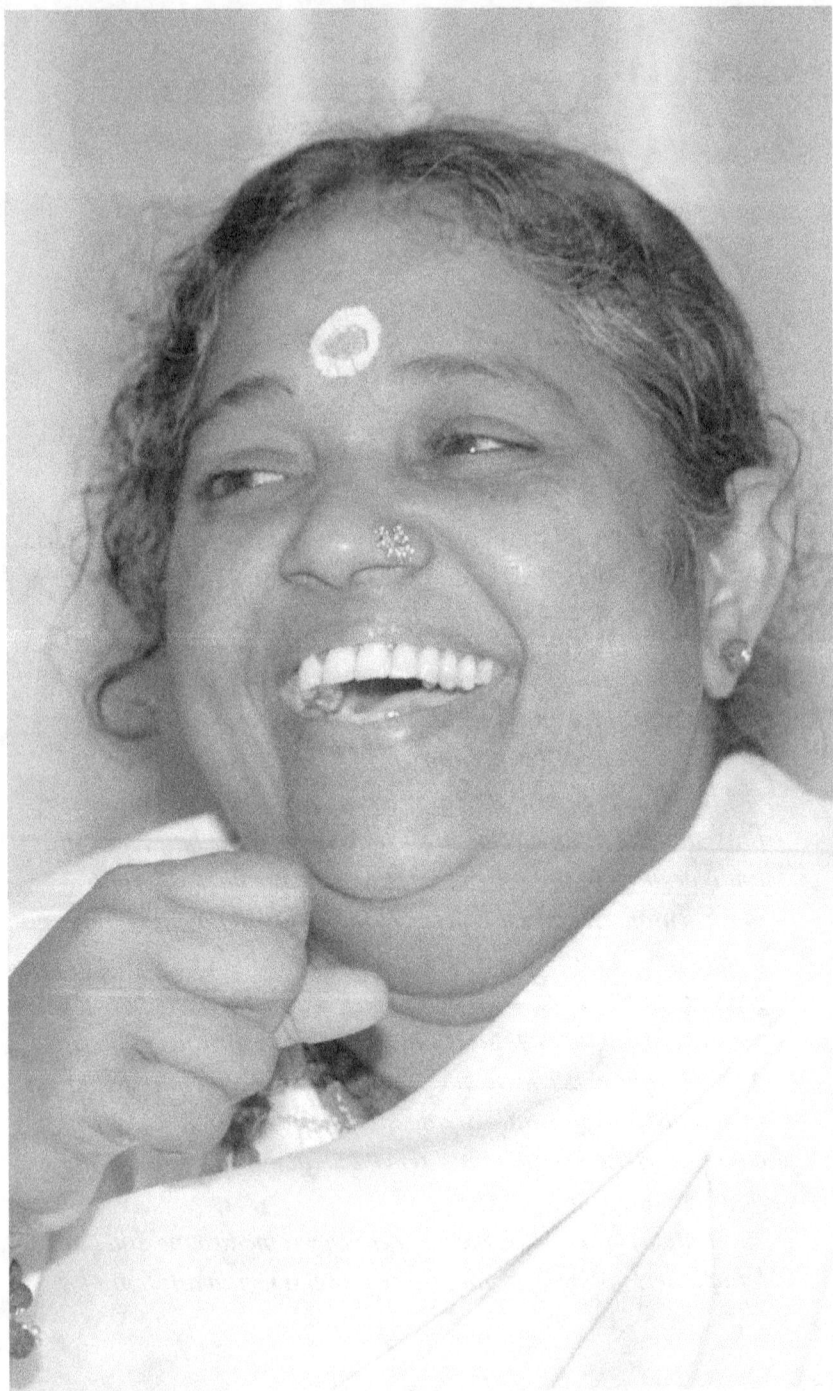

días contados. Pero ahora ya soy un pensador en rehabilitación.
¡Y qué tranquilo se vive cuando se deja de pensar!

Imagínate que un mono, que ya de por sí es travieso cuando está sobrio, se ha cogido una buena borrachera y que, mientras hace todas sus payasadas, le pica un escorpión y se pone a dar botes y a aullar de dolor. Entonces, este pobre mono borracho y con la picadura de un escorpión, justo cuando pasa debajo de un cocotero, va y le cae un enorme coco verde en toda la cabeza. Finalmente, mientras va dando tumbos de aquí para allá, el pobre simio es poseído por un espíritu. Amma dice que este panorama constituye una buena analogía del estado actual de nuestra mente, con nuestra percepción consciente tan limitada e inmersa en sus gustos, sus deseos y sus miedos.

Con la mente en ese estado, nos resulta imposible ver las cosas tal y como son. Más bien las estamos viendo tal y como somos nosotros. La siguiente historia sirve para ilustrar este punto.

Érase una vez un monasterio zen en el que vivían dos monjes, uno de los cuales era tuerto. Un día, llamó a la muerta otro monje que andaba de viaje y retó al tuerto a un debate filosófico, al acabar el cual, el viajero reconoció su derrota. Antes de marcharse, fue a despedirse del otro monje, el cual era el superior del monasterio, y le dijo: "Ese monje tuerto es un genio. Decidimos hacer el debate en silencio. Empecé yo y le mostré un solo dedo, el cual representaba al Buda. Entonces tu hermano me mostró dos dedos, simbolizando el Buda y sus enseñanzas. Yo le repliqué con tres dedos – el Buda, sus enseñanzas y sus seguidores. Entonces el monje tuerto me dio *la puntilla* al enseñarme el puño – una demostración de que, en realidad, el Buda, sus enseñanzas y sus seguidores son una unidad". Entonces, el monje visitante se inclinó una vez más y se marchó.

Justo después entró el monje tuerto hecho una furia. "¡Qué mal educado, ese monje! De no haber sido nuestro invitado, le había dado la paliza que se merecía".

"¿Qué ha pasado?", le preguntó el superior. "Decidimos hacer el debate en silencio", respondió el tuerto. "Él empezó levantando un dedo, que significaba: 'Ya veo que te falta un ojo'. Entonces yo levanté dos dedos, con toda cortesía, para decirle: 'Y yo veo que tú tienes los dos'. Pero, entonces, ese gamberro tuvo la cara dura de mostrarme tres dedos para decirme que, entre él y yo, sumamos tres ojos. Yo me enfadé tanto que le enseñé el puño para decirle: '¡Como no dejes de hablar de ojos, te voy a dar un puñetazo que vas a ver las estrellas!'" Los dos monjes les dieron a esos mismos gestos una interpretación completamente distinta, cada uno según su mentalidad.

Una tarde estaba Buda dando un sermón y, pensando en los mojes que le estaban escuchando, dijo al concluir: "Antes de iros a dormir, no os olvidéis de hacer lo más importante del día".

Al oír estas palabras, los monjes pensaron: "No debemos olvidarnos de meditar antes de irnos a dormir".

Pero, entre el público presente, también se encontraba un ladrón y su interpretación de las palabras de Buda fue completamente distinta: "El gran Buda tiene razón", reflexionó. "La mejor hora para robar es tarde por la noche". A una prostituta, que también escuchó esas mismas palabras, se le ocurrió que lo que tenía que hacer aquella noche, de regreso a casa, era buscarse algún cliente. Cada cual se tomó la instrucción del Buda según su forma de pensar.

Amma dice que, cuando nos surgen problemas en la vida, siempre intentamos cambiar las circunstancias pero que, en muchas ocasiones, la única solución adecuada es que seamos nosotros los que cambiemos – que cambiemos nuestra mentalidad.

Durante un programa que Amma daba en Japón, un devoto se acercó a uno de los *brahmacharis* y le empezó a contar todos los problemas que tenía con su mujer. Después de escucharle con toda paciencia, el *brahmachari* le sugirió que, cuando fuera a pasar al *darshan*, mentalmente le pidiera a Amma que restaurara la armonía en su matrimonio.

En el momento de recibir el abrazo, Amma le susurró al oído en japonés: "Querido hijo mío, querido hijo mío". Pero él no la entendió bien y creyó que lo que le decía en japonés era: "¿Qué vas a hacer? ¿Qué vas a hacer?". Y entonces pensó: "¡Ay, Amma! ¿Eso es que me estás diciendo que escoja yo?" Eufórico y en un inglés macarrónico, se descolgó con un deseo oculto de cambiar de mujer: "¡Amma! ¡Cambiar esposa, por favor! ¡Cambiar esposa, por favor!" Amma soltó una buena carcajada, lo cogió otra vez entre sus brazos y lo volvió a abrazar. Al levantarse del *darshan* y darse cuenta de que todo el mundo se había enterado de lo que había exclamado, se sintió muerto de vergüenza.

Sin embargo, la siguiente vez que pasó al *darshan*, Amma le dijo: "¡Hijo mío, cambiar mente, por favor, mujer no!" Al escuchar esas palabras, el hombre comprendió que era una locura lo que había pedido y decidió hacer todo lo posible por adaptarse y llevarse bien con su mujer.

Los *mahatmas* como Amma son verdaderamente felices viviendo en el mismo mundo que nosotros y, aunque tienen que afrontar las mismas dificultades, siempre viven en paz. De joven, cuando Amma terminaba todas las tareas de la casa, sus padres la enviaban a la de un familiar a unos 10 km. de distancia para que se ocupara allí también de todos los quehaceres domésticos. Al principio, Amma iba hasta allí en barca pero, cuando sus padres se empezaron a quejar de que eso salía muy caro, decidió hacer todo el trayecto a pie. Sin embargo, en vez de pasarse todo el camino compadeciéndose de su infortunio, Amma aprovechaba para escuchar el ruido de las olas batiendo contra la orilla, para repetir *Om* en silencio o para cantarle al Señor en voz baja. Amma dice que no hay palabras para expresar lo feliz que se sentía dándose aquellas caminatas.

En sus "Cinco versos sobre la vida espiritual" (*Sádhana panchakam*), el gran sabio Adi Shankaracharya nos advierte:

ekānte sukham āsyatām

Vive feliz en soledad.

Al decir "soledad" no está haciendo referencia necesariamente a la soledad física o el aislamiento. *Eka* quiere decir "uno" y *anta*, "fin" o "meta". Cuando la mente queda sumida en una profunda contemplación del *guru*, de Dios o del *Atman*, es porque está enfocada en una única dirección, y se relaja y se llena de paz. Ésa es la verdadera soledad.

Claro que podemos estar solos, sin nadie que nos moleste pero, si tenemos la mente repleta de pensamientos y emociones, no sentiremos ni paz ni dicha.

Había una vez un monasterio con unas reglas muy estrictas y en el que todos los monjes mantenían voto permanente de silencio que sólo podían romper una vez cada diez años, momento en el que se les permitía decir unas pocas palabras.

Al cumplir sus primeros diez años en el monasterio, uno de los monjes fue a ver al superior, el cual le dijo: "Ya han pasado diez años. ¿Cuáles son las dos palabras que quieres decir?"

"Cama... dura...", le dijo el monje.

"Entiendo", le contestó el superior.

Al cabo de otros diez años, ese mismo monje volvió a entrar en el despacho del superior: "Han pasado diez años más", le dijo éste. "¿Qué dos palabras quieres decir?"

"Comida... asquerosa...", le dijo el monje.

Volvieron a pasar otros diez años y el monje fue de nuevo a ver al principal: "¿Qué dos palabras quieres decir esta vez?"

"¡Lo dejo!", le dijo el monje.

"No me extraña", respondió el superior, "porque no haces más que quejarte".

Ni aun en circunstancias perfectas tendremos la mente en calma si no tenemos una actitud correcta. En cambio, cuando se consigue alcanzar la auténtica soledad, la mente se nos mantendrá tranquila aunque estemos en un centro comercial. La causa de nuestro sufrimiento es nuestra mente y la causa de nuestra felicidad es, también, nuestra mente.

Una vez, en un intento de generar armonía y compañerismo, y de infundir ánimo a los artistas noveles de su instituto, la directora del centro decidió otorgarle un premio al que hiciera la mejor ilustración sobre la paz. Después de recibir y revisar muchas obras, la directora escogió dos finalistas. Una era la imagen de un lago en calma en el que se reflejaban a la perfección los bosques de coníferas y los picos nevados de las montañas un poco más al fondo, todo ello bajo un cielo azul con algunos leves trazos de nubecillas blancas.

En el segundo cuadro también el autor también había pintado montañas pero éstas, en cambio, eran escarpadas y yermas, bajo un cielo oscuro y espectacular, cubierto de tremendos nubarrones de tormenta atravesados por relámpagos. Por la ladera de la montaña caía una impresionante cascada en cola de caballo.

La directora reunió al claustro para que vieran esas dos pinturas y le dijeran cuál de ellas, en su opinión, constituía la mejor ilustración de la paz. La respuesta fue unánime: todos optaron por la primera porque hasta un tonto se daría cuenta de que es un paisaje mucho más sereno. Sin embargo, como la directora se decidió finalmente por el segundo cuadro, uno de los profesores le preguntó por qué.

"Míralo bien", le sugirió la directora. Entonces, el profesor se dio cuenta de que, en una profunda grieta que había detrás de la cascada, brotaba un matojo diminuto en el cual un pajarillo hembra estaba tranquilamente en sentado su nido, al lado del torrente de agua que caía. "La paz no quiere decir estar sentado en un lugar en el que no hay ni ruidos, ni problemas ni problemas en el trabajo", le explicó la directora. "La paz quiere decir mantenerse interiormente en calma cuando se está rodeado de todo eso. Eso sí que es paz".

Tener control sobre la mente no es una simple herramienta para nuestro bienestar psicológico sino que, según las escrituras, constituye, literalmente, una cuestión de vida o muerte. A menudo, el último pensamiento presente en nuestra mente en el momento de la muerte es lo que determina, en gran medida, nuestra próxima vida.

En la *Bhágavad Guita*, Sri Krishna afirma:

antakāle ca mām eva smaran muktvā kalevaram
yaḥ prayāti sa madbhāvaṁ yāti nā'styatra saṁsayaḥ

Y, sin lugar a dudas, todo aquel que, en el momento de la muerte, al dejar el cuerpo, se acuerda exclusivamente de Mí, alcanza Mi existencia.

8.5

Amma cuenta esta historia.

Había dos amigos. A uno de ellos le interesaba la espiritualidad pero al otro le daba igual. Una tarde iba a tener lugar en su ciudad un *sátsang*[8] sobre la *Bhágavad Guita*. Como el primero quería ir, le pidió a su amigo que le acompañara, pero éste le dijo

---

[8] Literalmente: "relación con la Verdad". La forma más elevada de *sátsang* es el *samadhi*, el estado de completa absorción en el Absoluto. *Sátsang* también se aplica al hecho de estar en presencia de un maestro espiritual, al de

que no le apetecía, que prefería irse a un club nocturno. Por lo tanto, cada uno se fue por su lado y, pasado un rato, el que estaba en el *sátsang* empezó a pensar: "Seguro que mi amigo se lo está pasando en grande. Me tendría que haber ido con él". Al mismo tiempo, el del club nocturno estaba pensando: "¿Para qué habré venido aquí? Todos estos bailes son siempre lo mismo. Habría sido mucho más interesante ir a la charla sobre la *Bhágavad Guita* y así, al menos, habría acumulado algo de *punya* (méritos)".

Dio la casualidad de que los dos amigos murieron aquella misma noche. El que había ido al club nocturno pero que estaba pensando en Sri Krishna, se encontró con que había ido al cielo mientras que el otro, al estar pensando en el club nocturno, acabó en un lugar menos deseable. Si no nos esforzamos lo suficiente para conseguir controlar la mente, no sólo no conseguiremos sacarle todo el partido a esta vida sino que puede afectar negativamente a la próxima también.

Una vez, un hombre entró en la consulta de un psiquiatra y dijo: "Por favor, doctor, ayúdeme. Es que creo que soy Dios".

"¡Hombre, qué interesante! Cuénteme. ¿Cómo empezó todo?"

"Pues a ver, primero creé el sol, después la luna, después la tierra y las estrellas…".

Aunque ese hombre padeciera delirios, lo cierto es que, en esencia, todos somos Dios. La *Taittiriya Upanishad* (2.6.3) dice: "El Ser supremo pensó: 'Voy a ser muchos', y creó todo lo que percibimos. Una vez creado todo, se introdujo en ello". Según el *Sanátana dharma*, no hay más que Dios y nada más.

Amma dice que, en última instancia, este mundo repleto de diferencias aparentes es ilusorio y que, si queremos tomar conciencia de la Verdad suprema, debemos ir más allá de la mente ya que el origen de todo lo ilusorio es, precisamente, eso – la mente.

---

relacionarse con otros buscadores espirituales, a leer libros espirituales o a escuchar una charla sobre la espiritualidad.

En una de las giras de Amma por la India, íbamos de una ciudad a otra y, como es habitual, nos hizo parar a todos para servirnos la comida. Cuando todos acabamos de comer, le hizo una pregunta a un niño de ocho años llamado Ramu: "¿Dónde está Dios?"

Ramu señaló con el dedo hacia el cielo.

"No, dentro", le dijo Amma. "Dios está dentro de ti" y entonces, señalando al grupo de unas 400 personas que la rodeaban, añadió: "Dios está dentro de cada una de estas personas. Tenemos que servirles a todos y verles como encarnaciones de Dios".

Entonces Amma le pidió al niño que le explicara su concepto de Dios.

"Dios creó el mundo y a toda la gente", dijo Ramu. "El mundo no lo ha creado Dios", le contestó Amma. "El mundo lo has creado tú".

Se han compuesto obras voluminosas como el *Yoga Vasishtha* para esclarecer una verdad tan profunda como que la totalidad del universo no es más que una proyección de la mente. Ramu se quedó boquiabierto y, entonces, mirándola fijamente a los ojos, le dijo, aunque no muy seguro: "Amma, eso es broma, ¿no?".

Amma dice que todo lo que vemos en este mundo está en función de nuestras nociones preconcebidas. El mundo lo percibimos mediante unos instrumentos limitados que son nuestra mente y nuestro intelecto, razón por la cual las escrituras dicen que lo que para nosotros es verdadero no es la verdad absoluta sino una verdad relativa – una verdad creada por nuestra mente.

Asimismo, Amma también dice que nosotros consideramos que el mundo es real pero que, de hecho, no es más que un espejismo. Pongamos el ejemplo de una vasija de barro. Antes de que apareciera la vasija, la arcilla ya existía. Si la vasija se cae y se parte en trozos, desaparece como tal pero la arcilla sigue existiendo igualmente. Por lo tanto, la vasija no tiene una existencia propia sino que no es más que arcilla, una arcilla que, durante un tiempo, adopta la forma de una vasija que, al ser algo temporal por naturaleza, sólo es real relativamente. Como no tiene una existencia propia, independiente de la arcilla, podemos decir que, en última instancia, la vasija no existe – que es ilusoria.

Por eso mismo, cuando Amma le dijo a ese niño: "El mundo lo ha creado tu mente", lo que quería decir es que el mundo de la dualidad es un espejismo que crea nuestra mente. De hecho, lo único que existe es *Brahman* – lo único que existe es Dios – pero, en nuestro estado actual, toda esta dualidad es lo que vemos y experimentamos en el mundo.

Amma dice que lo que llamamos el espejismo de la dualidad no existe realmente, que es como la oscuridad. La oscuridad, como tal, no podemos quitarla de un sitio y ponerla en otro. La única forma de anularla es encendiendo la luz. Igual que, nada más encender una luz, desaparece la oscuridad, cuando se prende en nuestro interior la luz del conocimiento del Ser, desaparece la oscuridad de la dualidad y vemos unidad por todas partes.

Respecto al *Atman*, la *Isavasya Upanishad* dice lo siguiente:

tadejati tannaijati tad dūre tadvantike
tadantarasya sarvasya tadu sarvasyāsya bāhyataḥ

Eso se mueve; Eso no se mueve.
Eso está muy lejos; Eso está muy cerca.
Eso está presente en todo;
y Eso está más allá de todo.

5

De hecho, el *Atman* es lo que tenemos más cerca – al tratarse de nuestro propio Ser, está incluso más cerca de nosotros que la mente. Constituye el núcleo de la existencia de todo ser vivo así como el sustrato de todo el universo. No hay nada más cercano que el *Atman*. Pero también se dice que el Ser parece estar más lejos que cualquier otra cosa porque, para el ignorante, resulta inalcanzable hasta en cientos de millones de años lo cual, sin embargo, no implica que Dios sea cruel. La cualidad de eternidad y dicha suprema de nuestro verdadero Ser es un secreto pero no hay nadie que nos la oculte deliberadamente, y mucho menos Dios o el *guru*. Lo único que sucede es que nuestra mente no es lo suficientemente sutil como para comprenderlo y, a los que tienen la mente ofuscada por el ego, les parece que este conocimiento está tan oculto como lo está una melodía para un sordo o ciertos colores para un daltónico. Y se mantendrá oculto hasta que aparezca una persona adecuada para recibir la enseñanza. Amma dice que sólo está esperando a que aparezcan esos receptores. ¡Pues no la hagamos esperar más! ❖

CAPÍTULO 7

Los sentidos y la sensibilidad: Cómo refrenar la mente y mirar hacia dentro

He descubierto que toda la maldad humana proviene esto: De la incapacidad del hombre de quedarse sentado en calma en una habitación.

– Blaise Pascal

E n su obra "La joya suprema del discernimiento" (*Viveka Chudámani*), Shankaracharya afirma:

*doṣeṇa tīvro viṣayaḥ kṛṣṇa-sarpa-viṣād api
viṣaṁ nihanti bhoktāraṁ draṣṭāraṁ cakṣuṣā'pyayam*

Los objetos de los sentidos son más mortíferos que el veneno de una cobra real.
El veneno de una cobra resulta fatal sólo si se ingiere pero éstos – sólo de verlos – pueden causar la muerte.

77

El veneno de la cobra real es letal – si te muerde, te queda media hora de vida. Sin embargo, se dice que los objetos de los sentidos son aun más peligrosos porque, mientras que la cobra tiene que picarnos para matarnos, basta con mirar a un objeto sensorial para que nos destruya. Cuando vemos algo apetecible, queremos conseguirlo y, en nuestra precipitación por hacernos con ello, nos apartamos del camino del *dharma*. Amma se sirve de la siguiente historia para ilustrar dicho proceso.

De camino hacia su puebo, un *avadhuta* encontró al borde de al carretera un árbol enorme que tenía un agujero en el tronco y decidió tumbarse un rato a su sombra y descansar. Al despertarse de la siesta, justo cuando estaba a punto de proseguir con su viaje, se le ocurrió mirar dentro del tronco del árbol y, al ver lo que ahí se escondía, pegó un bote como si le hubiera dado una descarga y salió corriendo y gritando: "¡Peligro! ¡Peligro! En ese árbol he visto a *Yama*, el dios de la muerte. ¡Sálvese quien pueda!". Tres hombres que pasaban por allí justo en ese momento le preguntaron al *avadhuta* qué le había pasado y éste les explicó que *Yama* les estaba esperando en aquel árbol y, por eso, les advertía de que no se acercaran. Como de todos es sabido, basta con que alguien nos diga que no hagamos algo para que, de repente, nos apetezca hacer justamente eso – así es el ser humano por naturaleza. Los tres hombres decidieron ir a ver por sí mismos lo que había dentro de aquel árbol porque pensaban que el *avadhuta* debía estar un poco loco y sentían curiosidad por saber qué es lo que había visto ahí dentro exactamente.

Cuando se asomaron dentro del tronco hueco, se encontraron con un tesoro de diamantes y demás piedras preciosas. "¡Pero qué idiota!", exclamó uno de los hombres. "¡Mira que encontrar un tesoro y pensar que era el dios de la muerte! ¡Y qué suerte la nuestra que ese tonto se haya ido corriendo!".

Como el árbol estaba al borde de una vía muy transitada y era mucha la gente que pasaba por allí, los tres cómplices decidieron que uno de ellos – al que llamaremos A – se encargaría de custodiar el tesoro y de avisar a los otros dos cuando no pasara nadie, para poderse repartir el botín entre los tres. Los otros dos, B y C, diseñaron en secreto una estrategia por su cuenta y acordaron matar a A para así poder repartírselo sólo entre los dos. Como se estaba haciendo tarde, les entró hambre y B se ofreció para ir a por comida. De camino, fue a contarle a A que C era un matón y que quería matarlo, a lo que A respondió: "¡Que se atreva! ¡Le voy a dar una buena lección!".

B fue a comprar comida y, mientras regresaba, le echó veneno para matar a los otros dos y quedarse él solo con el tesoro pero, al llevarle la comida a A, éste lo mató por sorpresa. Entonces A cogió la comida y se fue hasta el árbol para comérsela con C, y allí murieron los dos. Al cabo del tiempo, el *avadhuta* volvió a pasar por allí de casualidad y, al toparse con los tres cadáveres, empezó a gritar de nuevo: "¡El dios de la muerte anda por aquí! ¡Sálvese quien pueda!"

El mero hecho de ver las joyas condujo a esos tres hombres a la muerte. ¿Cuántas muertes habrá provocado el ansia de posesiones materiales? Éste es el sentido en el que Shankaracharya dice que los objetos sensoriales resultan más letales que el veneno de serpiente.

Sin embargo, esto no quiere decir que nuestros sentidos sean nuestros enemigos – no son más que los vehículos a través de los cuales la mente disfruta de los objetos. No es que los ojos disfruten cuando ven algo – simplemente le transmiten la información a la mente. De hecho, si la mente no participa, los órganos de los sentidos no perciben absolutamente nada. ¿Quién no ha estado tan ensimismado leyendo un libro o viendo un programa de televisión que ni se ha enterado de lo que le estaba diciendo la persona que tenía al lado? La auténtica culpable es la mente y no los órganos sensoriales. Si conseguimos refrenarla, los órganos de los sentidos nos dejarán en paz.

El primer paso para someter a la mente es esforzarse por mantenerse alejado de los objetos y situaciones que sabemos que nos encaprichan. Amma dice que nos resultará muy difícil dejar de comer chocolate si nos metemos una bolsita de bombones en el bolso, o dejar de ver la televisión si tenemos un televisor de plasma en la pared del dormitorio.

Sin embargo, no nos servirá de mucho impedirnos acceder al objeto del deseo si no paramos de pensar en él. Por ejemplo, si estamos meditando y nos llega un delicioso olor a comida, la mente empezará a pensar en qué es lo que deben estar preparando en la cocina. Como no nos podemos levantar e ir hasta la cocina porque se supone que estamos meditando, el cuerpo se nos queda en la sala de meditación pero la mente se nos va a la cocina – el cuerpo ayuna pero la mente se da un banquete.

En la *Bhágavad Guita*, Sri Krishna dice:

karmendriyāṇi saṁyamya
ya āste manasā smaran
indriyārthān vimūḍhātmā
mithyācāraḥ sa ucyate

Quien mantiene sometidos a los órganos de acción
pero aún tiene la mente apegada a los objetos
sensoriales, alberga ilusiones.
A eso se le llama ser hipócrita.

3.6

La mente es comparable a un cazo lleno de agua que ponemos al fuego. Cuando empieza a hervir, lo enfriamos añadiéndole un poco de agua fresca, pero eso es una solución momentánea – al rato, el agua arranca a hervir de nuevo y otra vez tenemos que echar más agua fría. Si lo que queremos es no tener que añadir agua fría cada dos minutos, lo que tenemos que hacer es echar el agua directamente sobre el fuego. Siguiendo este símil, la mente arranca a hervir porque la recalienta el fuego de nuestros deseos y, cuando uno de ellos se ve satisfecho, baja la temperatura de la mente – se siente en paz un rato – pero no tardará mucho en surgir otro deseo que la pondrá a hervir otra vez. Los deseos no tienen fin – siempre hay uno más, y otro, y otro. La única solución contra el fuego de nuestros deseos es apagarlo con el agua de nuestra comprensión espiritual. Aunque no consigamos extinguir ese fuego, seguro que podemos reducir la intensidad de sus llamas. Cuando comprendemos que es contraproducente dejarse arrastrar por los sentidos – porque es algo que nos aleja de nuestro verdadero Ser – ya no permitimos que la tentación se adueñe de nosotros.

En la *Bhágavad Guita* (18.37,38), Sri Krishna explica lo siguiente: "Lo que, en un principio, parece néctar, conduce al veneno. Lo que, en un principio, parece veneno, conduce al néctar". Cuando nuestros sentidos entran en contacto con los objetos que deseamos, los disfrutamos en ese momento pero esos mismos placeres, más adelante, se convierten en sufrimiento cuando, por naturaleza, los objetos cambian o disminuyen en cantidad. Por otro lado, la verdadera paz y felicidad que se alcanza sometiendo a la mente, renunciando a los deseos y mediante las prácticas espirituales, tienen un comenzar amargo en el sentido de que resulta difícil disciplinar a la mente. Pero no tardamos en darnos cuenta de que la felicidad que se obtiene en el mundo parece nimia comparada con la paz interior que se obtiene con una práctica espiritual regular y mucho más aún con la ilimitada dicha que uno alcanza al establecerse en el Ser.

Igual que, cuando se ha apagado el fuego, resulta fácil retirar el cazo con el agua, cuando consigamos que la mente esté relativamente libre de deseos, nos resultará más fácil retirar nuestra atención de los órganos de los sentidos y dirigirla hacia dentro – hacia el *Atman*. ❖

Capítulo 8

Trascender los deseos

Hay tres métodos para adquirir sabiduría:
El primero, el más noble, es mediante la reflexión;
el segundo, el más fácil, mediante la imitación;
y el tercero, el más amargo, mediante la experiencia.

– Confucio

Hace poco me encontré con el hijo de un devoto americano que estaba leyendo un libro sobre el cuerpo humano y, en plan concurso, le pregunté: "¿De qué está hecho el setenta por ciento de nuestro cuerpo?". Sin vacilar ni un instante, el niño contestó: "De Coca-Cola".

Lo cierto es que existen dos tipos de deseos: los naturales y los adquiridos. Tener sed es un deseo natural pero querer sólo beber refrescos es un deseo adquirido. Llevar una vida espiritual quiere decir discernir entre los deseos naturales y los adquiridos, y trascender los adquiridos porque, si conseguimos eliminarlos, podremos ahorrar una enorme cantidad de energía, tiempo y esfuerzos que podremos aprovechar para realizar nuestras prácticas espirituales, para hacer alguna obra social o para cualquier otro fin creativo.

Poco después de que Amma hiciera públicos los detalles de su plan de ayuda a las víctimas del *tsunami*, un matrimonio australiano que la habían conocido en la gira que acababa de hacer por ese continente, iba en el coche para celebrar su aniversario de bodas en un restaurante de lujo y, de repente, la mujer dijo: "Cariño, ¿por cuánto crees que nos va a salir la cena de esta noche?"

"Cielo, no te preocupes por eso", le respondió su marido. "Es nuestro aniversario y el dinero da igual".

"Es que se me ha ocurrido una cosa", le dijo la mujer. "La cena de esta noche nos puede salir fácilmente por 200$. ¿Qué te parece si damos media vuelta y cenamos en casa? Podemos encargar la cena y que nos la traigan a casa. Eso nos puede costar unos 20$ y el resto se lo podemos enviar a Amma para las víctimas del *tsunami*".

Al marido le pareció muy buena idea y, conscientes de que su pequeño sacrificio ayudaría a que Amma pudiera asistir a los que realmente lo necesitaban, los dos disfrutaron de la comida que encargaron a un restaurante chino barato más que de todas sus anteriores cenas de aniversario de bodas. Además, al marido le pareció tan buena la idea de su mujer que, al día siguiente, se lo comentó a todos los compañeros de la oficina y, al acabar la semana, consiguió enviar un cheque compuesto no sólo del dinero que él y su esposa se habían ahorrado cenando en casa aquella noche de aniversario sino también de las generosas donaciones que aportaron sus compañeros de trabajo porque todos decidieron que, ese año, todos harían ese mismo pequeño sacrificio la noche de sus aniversarios de boda.

La manera más fácil de trascender los deseos adquiridos es dirigirse a un auténtico maestro como Amma. Esto no quiere decir que si conoces a Amma te desaparecerán inmediatamente todos los deseos, pero sí es cierto que muchos de sus devotos y discípulos hemos experimentado que, a raíz de conocerla, muchos de nuestros deseos sencillamente se desvanecieron. Yo fui a conocer a Amma con la esperanza de que su poder divino conseguiría que me trasladaran a un banco más cerca de mi ciudad. La razón principal por la que quería un traslado era porque, en la ciudad en la que estaba destinado, me resultaba muy desagradable tanto la comida como el hospedaje. Al conocer a Amma, empecé a pasar la mayor parte de mi tiempo libre en el *áshram* a pesar de que, allí, no había sitio donde hospedarse y escaseaba la comida. Al estar con ella, lo que antes constituía mi principal prioridad se desvaneció de forma espontánea.

Un joven que siempre había soñado con trabajar de auxiliar de vuelo de repente recibió ofertas de trabajo de dos compañías aéreas y, al sentirse incapaz de escoger una de las dos, decidió pedirle a Amma su opinión. Pero cuando pasó a recibir el *darshan*, ni siquiera se lo preguntó porque decidió no cambiar de trabajo y seguir viviendo en su ciudad natal, la cual se encontraba cerca del *áshram*. Así podría ir a ver a Amma muchas veces y participar de las actividades espirituales y solidarias del *áshram*. En un abrir y cerrar de ojos, se esfumó su deseo de toda la vida de volar – porque ahora se había propuesto volar más alto.

Esto es un fenómeno extraño pero frecuente – muchos de nosotros vamos a ver a Amma con cientos de problemas, pensando: "Si le cuento todo esto a Amma, por su gracia puede que se solucionen". Pero, cuando por fin llegamos ante ella, somos incapaces de articular palabra – la mente se nos queda en blanco. En su presencia, se nos va metiendo dentro el amor y la paz que ella irradia sin cesar. Sus vibraciones divinas nos llenan y nos calman. Ese gozo que experimentamos en su compañía se parece al tráiler de una película – es una visión diminuta de la dicha eterna que llevamos dentro y que podemos alcanzar al hacernos conscientes de nuestra unidad con Dios.

Claro está que, cuando ya no estamos en compañía de Amma, resurgen nuestros deseos y problemas, y nos volvemos a sentir agitados, pero esa experiencia que hemos tenido al estar con ella siempre nos puede aportar una lección. Amma nos enseña que, cuando la mente se libera de todos los pensamientos y deseos, lo único que queda es paz y dicha suprema – porque alcanzamos el núcleo de nuestra existencia, el cual no es más que *Atman* o Dios.

Esa degustación de la dicha que obtenemos al estar en compañía de Amma nos permite darnos cuenta de que la felicidad que sentimos cuando nos despojamos de los deseos es mucho mayor que la que se deriva de satisfacerlos.

De hecho, satisfacer un deseo no es otra cosa que el proceso de eliminarlo. Por ejemplo, si queremos tener un coche deportivo, nos lo compramos y desaparece el deseo de tenerlo. Al comprarlo, hemos eliminado el deseo de tener un coche deportivo. Pues de igual modo, si simplemente eliminamos nuestros deseos adquiridos – mediante el discernimiento, pasando algún tiempo en compañía de un maestro espiritual o reemplazándolos con algo más elevado – ya no nos veremos en la obligación de tomarnos tantas molestias para satisfacerlos y ahorraremos mucho tiempo y energía. Asimismo, conviene recordar que hay muchísimos deseos que jamás podremos satisfacer por mucho que lo intentemos.

Es evidente que hay deseos y necesidades básicas – todo eso lo podemos considerar deseos naturales. Dependiendo de nuestro estilo de vida, puede que necesitemos un coche pero, como buscadores espirituales, lo que nos interesa eliminar es el deseo adquirido de comprarnos un coche deportivo. Si nuestro objetivo es establecernos en la conciencia de Dios, lo mejor es mantenernos apartados de lo prescindible.

Durante la última gira por la India del norte, Amma paró para comer en un campo a lo alto de una pequeña colina. Los devotos que viajaban con ella se reunieron en torno suyo y un devoto occidental le planteó la siguiente pregunta: "Amma, ¿cuál es la actitud correcta ante un apego muy fuerte, algo con lo que nos identificamos tanto que nos resulta imposible desentendernos de ello?"

Amma respondió: "Cuando tienes un deseo intenso e intentas reprimirlo, lo único que pasará es que volverá con más fuerza aún. Por otro lado, aunque tengamos la experiencia una, dos o tres veces, ese deseo seguirá apareciendo, por lo que no debemos pensar que al satisfacerlo se saciará".

Poniendo como ejemplo el deseo de tener pareja, Amma dijo: "No desaparecerá ni aunque cumplas cien años y, hasta cuando uno se casa, puede que esa persona se siga sintiendo atraída por más gente. Debe llegar un punto en que intentemos cultivar el *vairagya* (capacidad de desapasionarse)".

Pero al hombre no le satisfizo la respuesta de Amma. De hecho, tenía en mente un deseo muy específico: "Amma, quiero hacer la travesía desde América hasta la India en mi barco... es algo que llevo planeando desde hace muchos años".

Amma le preguntó cuánto se tardaría desde América hasta la India en barco.

"Entre dos meses y diez años".

Hubo una explosión de carcajadas en la cima de aquella tranquila colina.

"¿Lo ha hecho alguien antes?", le preguntó Amma. "No es sólo cuestión de subirse a un barco. Hay muchos otros factores a tener en cuenta".

El hombre le contestó que sí, que mucha gente había hecho singladuras semejantes y añadió que él llevaba veinte años viviendo en la mar.

"Ni después de llevar veinte años en la mar se ha extinguido ese deseo", señaló Amma. "Pues quizás le puedes pedir a Dios: '¡Por favor, en mi próxima vida, quiero ser un delfín!'"

Una vez más hubo una carcajada generalizada, pero el hombre se hizo oír: "La cuestión es cómo deshacerme de esa *vásana*. Eso es lo que yo quiero".

Al ver que su ansia de que le ayudara era genuina, Amma derramó su compasión sobre él dándole esta respuesta: "No. Nunca se puede extinguir una *vásana* satisfaciéndola porque eso sólo aporta *smáshana vairagya* (ausencia temporal de apasionamiento

91

que surge al ir a un campo crematorio) – cuando al marido se le muere su esposa querida, puede que diga: 'Nunca me volveré a casar'. Pero pasado cierto tiempo, se acaba casando otra vez".

Entonces, Amma le dijo que, si estudiaba adecuadamente la ruta con todos sus posibles problemas y si, aún así, el deseo se mantenía con fuerza, entonces podía hacer el viaje. Pero como a Amma le intrigaba qué es lo que tenía de especial ese viaje para ese devoto, se lo preguntó y él le confesó que, de hecho, no lo sabía.

Amma le dijo entonces que debía observarse la mente constantemente durante el viaje y reflexionar. Le dijo que dividiera el viaje en etapas, que hiciera una parte y que observara cómo le reaccionaba la mente. Y lo mismo con la segunda etapa y con la tercera. "Cada vez que acabes una etapa, observa la mente. Fíjate si aún persiste el deseo de continuar. Si quieres continuar, sigue adelante pero, al acabar la tercera etapa, si aún se mantiene el deseo, deberás comprender que no desaparecerá nunca. En ese momento, por favor, párate".

Como conclusión, Amma hizo un comentario que, quizás, fuera lo más sagaz de toda la tarde: "Sería más útil que todo ese esfuerzo por hacer ese viaje lo dedicaras a ayudar a los pobres – comprándoles comida, ropa y ocupándote de su educación. Mira a ver si ese deseo de navegar no es más que una travesura de la mente".

El consejo de Amma para ese marinero atribulado es de perfecta aplicación para nuestros propios deseos. Jamás acabaremos con ellos procurando satisfacerlos pero, si los reprimimos, rebotarán como cuando se descomprime un muelle. En lugar de dedicarnos meramente a reprimirlos, conviene reemplazarlos por ideas y actividades nobles y eso hará que los deseos se esfumen por sí mismos.

En las epopeyas de los *Puranas*, una bonita historia cuenta que, un día, Kubera, dios de la riqueza y devoto del Dios Shiva, pensó: "El Señor ha adoptado la forma de mendigo pero, como la gente es cada vez más egoísta, ¿cuánto va a poder recaudar pidiendo limosna, teniendo en cuenta que se tiene que ocupar del mundo entero? Y como el Señor siempre da preferencia al mundo antes que a su propia familia, a su hijo Ganesha seguro que le falta comida". Por todo ello, decidió invitar al Dios Ganesha a un gran banquete. Al llegar al palacio de Kubera, Ganesha se encontró con un inmenso despliegue de comida ante él y Kubera le dijo: "Querido Ganesha, come todo lo que quieras, por favor. Come hasta saciarte". Pero, antes de que Kubera se pudiera dar cuenta, Ganesha lo devoró todo, sin dejar ni una miga y, como seguía con hambre, se empezó a comer los platos, las cucharas, los cuchillos y hasta la mesa. Una vez devorado todo lo que había en la sala, se quedó mirando a Kubera. Cómo sería esa mirada que, de repente, a Kubera le entró tal pavor que salió corriendo a todo correr, con Ganesha pisándole los talones. Corrió todo lo que pudo y, finalmente, fue a pedirle protección a Shiva, el padre de Ganesha. De hecho, se escondió detrás de Shiva, pero Ganesha siguió cargando hacia donde estaban los dos de pie. En el último instante, Shiva extendió el brazo hacia su hijo ofreciéndole, en la palma de la mano, un único copo de arroz. Ganesha frenó en seco, recogió ese único granito con la trompa y se lo metió en la boca. Instantáneamente, el hambre se le sació.

Aunque nos pueda parecer que es la maldición de nuestra existencia, lo cierto es que esta insatisfacción que sentimos – esta permanente sensación de que nos falta algo – es, en realidad, un valioso regalo de Dios. Si indagamos honestamente en nuestro interior con la mente pura, nos daremos cuenta de que todos nuestros anhelos – así como la frustración y sufrimiento que sentimos y los topetazos que nos damos al intentar satisfacerlos – apuntan hacia Dios. Por esa razón, Jean Pierre de Caussade, monje cristiano del siglo XVII, escribió: "Dios nos instruye el corazón no con ideas... sino a través del dolor y las contradicciones".

De hecho, Ganesha nos representa a todos mientras que el banquete del rey simboliza todas las experiencias y cosas placenteras que ofrece el mundo. Lo que esta historia nos enseña es que esa carencia que sentimos – esa insatisfacción, esa agitación – nunca se verá saciada con las cosas del mundo. En cambio, el Dios Shiva representa al *guru*, al cual le basta con una sola palabra, mirada o toque para infundirnos una total plenitud[9]. De la misma manera que un copo de arroz no tiene capacidad para brotar, la gracia y enseñanzas del *guru* tienen la capacidad de poner fin al ciclo de la vida y de la muerte. Nuestra ansia será finalmente saciada y alcanzaremos una paz y una plenitud auténticas únicamente cuando, guiados por el *guru*, nos percatemos de nuestra unidad con Dios. ❖

---

[9] El Dios Shiva es considerado el *guru* primordial.

Capítulo 9

La vida después de la muerte

"La muerte no es el final – no es más que un punto al final de una frase. Es el inicio de una nueva vida".

– Amma

Hace algunos años se estableció en el *áshram* de la India una madre occidental con sus dos hijos pequeños los cuales, como es natural, se encariñaron muchísimo con Amma, hasta tal punto que pasaban varias horas todos los días con ella en su habitación después del *darshan*. Uno de ellos, en particular, tenía un vínculo tan intenso con Amma que ella se lo quedaba mirando a los ojos con gran cariño durante ratos que parecían eternos, y él nunca apartaba la mirada ni tan siquiera parpadeaba. A través de su hijo, la madre también se encariñó mucho con Amma. Sin embargo, a los pocos años de vivir en el *áshram*, todo parecía apuntar a que tendrían que regresar a su país debido a unos problemas familiares. La madre se sintió tan consternada que, a pesar de que Amma le aconsejó que fuera a resolverlos y volviera lo antes posible, no había forma de consolarla porque se había apegado hasta tal punto a Amma y a vivir en el *áshram* que no le cabía en la cabeza tener que pasar ni siquiera un corto período lejos de todo aquello.

Pero como, con el paso del tiempo, se hizo patente que no podía evitar volver a su país, aunque sólo fuera por una estancia breve, la madre sacó los billetes de avión para ella y sus dos hijos con la promesa de regresar lo antes posible. Sin embargo, un par de días después de su despedida recibimos la trágica noticia de que, el mismo día que llegaron a su país, a la madre le dio un infarto fulminante y falleció. Desde el momento que le dieron la noticia a Amma durante el *darshan* de la mañana, no pararon de saltársele las lágrimas, ni durante ese *darshan* ni, de forma intermitente, durante los días siguientes. Cuando lloraba, siempre hacía referencia a la terrible angustia que debían estar pasando aquellos dos chicos y, aunque Amma siempre dice que son los que se quedan aquí los que más necesitan de nuestras plegarias, no pude evitar extrañarme de que no mencionara a la madre fallecida. La respuesta no la obtuve hasta volver a ver a los dos chicos huérfanos.

Ocurrió durante una de las giras por el extranjero. Amma los estuvo abrazando mucho rato, dándoles besos en la frente, atusándoles el pelo y acariciándoles la espalda. El mayor de los dos chicos tenía una pregunta para Amma: "¿Dónde se ha ido nuestra madre?"

"Vuestra madre está conmigo", le dijo. "Se ha fundido conmigo para siempre".

Como en ese momento yo hacía de intérprete, al traducir al pie de la letra las palabras de Amma me vino a la mente una cita de las escrituras: "La liberación sólo se produce mediante el *gñana*" [10]. Por un lado pensé que aquella mujer no tenía pinta de ser una *gñani* (la persona que ha alcanzado el *gñana*) pero, al mismo tiempo, recordé el caso que ya relaté en *Ultimate Success*, en el que Amma, de niña, le concedió la liberación a una de las cabras de su familia. Asimismo, recordé que Sri Ramana Maharshi, un *mahatma* del siglo XX, también le otorgó *mukti* a su madre y a una vaca que vivía en su *áshram*, aunque ninguna de las dos había alcanzado el *gñana* antes de morir. No cabe duda de que, para la gente corriente, sigue teniendo vigencia lo que dicen las

---

[10] Literalmente, "conocimiento". En este caso, *gñana* se refiere al conocimiento de que nuestra auténtica naturaleza es *Brahman*, la Conciencia suprema.

escrituras – que no podemos alcanzar la liberación si, antes del momento de la muerte, no nos hemos establecido en nuestro verdadero Ser. Pero como los *mahatmas* no están limitados por lo que dicen las escrituras, con la gracia de un *mahatma* como Amma todo es posible. En una ocasión, vino a verla un hombre de Tamil Nadu con unos pocos amigos y, durante el *darshan*, le preguntó: "¿Puedes darme la liberación? Si es así, por favor, dame un *mantra*".

Amma le dijo: "Sí, pero ahora no... tienes que quemar un poco más de *karma* en esta vida. Vuelve más adelante". A las pocas semanas, el hombre regresó y le volvió a pedir un *mantra*. Amma le dijo que de acuerdo pero, como él no sabía que, por regla general, Amma sólo da *mantras* al final del *darshan*, se marchó sin esperar a que acabara. Sin embargo, la tercera vez que vino a verla sí que lo consiguió.

Como era gerente de una empresa y siempre estaba muy ocupado, apenas si tenía tiempo de repetir el *mantra* durante el día pero, en lugar de desperdiciar la oportunidad de hacer la *sádhana* que Amma le había indicado, cada noche, pasadas las doce, se sentaba a repetir el *mantra* y a meditar hasta bien entrada la madrugada.

Eso le hizo surgir un gran deseo de organizar un programa para Amma en su ciudad de Tamil Nadu y, para irlo preparando, uno de los *brahmacharis* se desplazó hasta allí para hacer *sátsang* y dar a conocer a Amma. Justo antes de presentar al *brahmachari* a todo el público asistente, el devoto de Tamil Nadu cantó por el micrófono: "*Om Amriteswaryái namah, Adi Parásakti, Amma, Akhilandeswaryái, Amritéswari...*" (Me inclino ante la Diosa inmortal, la suprema Energía Primordial, la Madre, la Diosa de toda la creación). Mientras recitaba, empezó a balancearse hacia delante y hacia atrás hasta que, de repente, se cayó del podio hacia atrás. Todo parecía indicar que le había entrado un arrebato de devoción pero, cuando un par de voluntarios que estaban allí cerca corrieron hacia él para socorrerle se dieron cuenta de que no respiraba y se lo llevaron al hospital más cercano a toda velocidad donde, nada más llegar, certificaron su muerte. Había fallecido repitiendo el nombre de Amma.

El *brahmachari* que había ido a dar el programa me llamó inmediatamente y me pidió que informara a Amma de lo sucedido. En aquella época, era la costumbre que los *brahmacharis* cantaran el *Lalita Sahasranama* (los mil nombres de la Madre Divina) para el alma del devoto fallecido y, cuando le informé a Amma de la muerte del devoto de Tamil Nadu y le pregunté si cantábamos el *Lalita Sahasranama* esa noche, respondió: "No son necesarias vuestras plegarias – ya ha llegado a su destino". Entendí que me decía que se había fundido con el Infinito.

En ambos casos tuve claro que yo no era quién para cuestionar lo que Amma había dicho sobre el destino final del alma puesto que yo era un total ignorante al respecto mientras que Ella había demostrado claramente poseer, de primera mano, un conocimiento perfecto sobre la vida después de la muerte.

Hace aproximadamente veinticinco años, Swami Purnamritánanda Puri (entonces Br. Srikumar) encontró a Amma sentada en el porche del antiguo templo [11], anotando algo a toda prisa en un cuaderno. Cuando vio que se le acercaba, Amma se dio media vuelta, escondió lo que estaba escribiendo y le dijo en un tono muy serio: "Hijo, no te me acerques ahora".

Aunque Swami Purnamritánanda obedeció dócilmente, esa reacción le picó mucho la curiosidad. Amma siguió escribiendo muy concentrada durante más de dos horas y llenó dos cuadernos

---

[11] El primer templo que hubo en el *áshram* se construyó a partir del establo de las vacas de la familia de Amma y era poco más grande que un vestidor. Viéndolo desde la perspectiva actual, en la que los programas de Amma a menudo se organizan en anfiteatros y estadios, resulta increíble pensar que pudiera dar *darshan* en un espacio tan reducido.

de ochenta páginas cada uno. Finalmente, cuando le pareció que ya había terminado, se acercó a ella y le preguntó: "Amma, ¿qué estabas escribiendo?" Sin decir palabra, de repente Amma recogió los cuadernos, se levantó y se marchó.

A los pocos meses, una tarde que Swami Purnamritánanda estaba limpiando la cabaña de Amma, le llamó la atención una caja de madera que había debajo de la cama y, al abrirla, se encontró con aquellos dos cuadernos que Amma había rellenado con sus escritos. Abrió uno, empezó a leer y se quedó boquiabierto – en una prosa clara y hermosa, Amma revelaba los secretos del universo como si todas esas respuestas fueran algo evidente que cualquiera pudiera ver. Pero, de repente, oyó a lo lejos que Amma venía hacia la cabaña. Rápidamente, cerró los cuadernos, los volvió a meter en la caja y la volvió a colocar debajo de la cama.

A Swami Purnamritánanda nunca se le olvidó el contenido de los cuadernos y, al cabo de unos años, cuando un devoto dijo que quería publicar una colección de las enseñanzas de Amma, fue a la cabaña de Amma, sacó la caja de debajo de la cama y cogió los cuadernos. Pero, de repente, como surgida de la nada, entró ella, le arrancó los cuadernos de las manos y salió corriendo de la cabaña hacia los *backwaters*[12]. Sin que el *swami* pudiera dar crédito a lo que veía, Amma empezó a romper los cuadernos, les arrancó las páginas, las rompió en trocitos y los tiró al agua.

Sin embargo, al arrancarle Amma los cuadernos de las manos, el *swami* se había quedado con unas pocas páginas en las que Amma había representado el periplo que realiza el alma después de morir y antes de volver a nacer en otra forma física.

Desde entonces, en varias ocasiones Amma ha descrito ese mismo proceso verbalmente. Según explica, cuando perece el cuerpo, el alma permanece intacta, igual que la electricidad

---

[12] Franja arremansada de mar que separa la península donde se encuentra el áshram de la tierra firme. N. del T.

perdura después de fundirse una bombilla. En torno al cuerpo hay un aura sutil que, igual que un magnetofón que graba todo lo que decimos, va registrando todo lo que pensamos, decimos y hacemos a lo largo de la vida. Una vez muerto el cuerpo, el aura, con forma de globo y junto con el *jiva* (el alma individual), penetra y asciende por la atmósfera como el humo de un cigarrillo.

Después, estas almas vuelven a nacer en concordancia con su *karma*. Regresan a la tierra en forma de lluvia o nieve, penetran en la tierra y se introducen en las plantas, las cuales, a su vez, dan frutos, verduras y semillas. Cuando los hombres ingieren estos alimentos, el alma se integra en su sangre, ésta se convierte en semen y así, finalmente, el alma se introduce en el óvulo para poder adoptar un nuevo cuerpo físico.

Por otra parte, las almas que han alcanzado a ser conscientes del Ser se funden con el Infinito en el momento de la muerte, igual que una gota de agua se disuelve en el mar o como cuando explota un globo – el aire de dentro se funde con el de fuera, con la totalidad. Esas almas no reencarnan.

De la misma forma que no se puede ver un cristal transparente metido en el agua, somos incapaces de ver el alma, aunque no por ello podemos negar que exista. En las pestañas todos tenemos muchas bacterias pero tampoco somos capaces de verlas. Al igual que la física, la química y la geología, la espiritualidad es una ciencia que se ha desarrollado mediante la observación y que se puede verificar con la experiencia pero, como el objeto de su estudio es más sutil, también lo son los instrumentos que se requieren para dicha observación. De hecho, todas las prácticas espirituales no son más que un método para limpiar o purificar nuestros instrumentos internos. De la misma forma que un espejo sucio no puede reflejar bien las imágenes, si nuestros instrumentos internos están empañados por los pensamientos y deseos, seremos incapaces de percibir la realidad sutil. Sin embargo, cuando se alcanza la *antakhárana-shuddi* (pureza de los instrumentos internos), la Verdad se revela en toda su gloria divina.

La descripción que da Amma de la vida después de la muerte concuerda a la perfección con las enseñanzas de las *Upanishads*, aunque ella no haya estudiado nunca las escrituras. Se dice que los Vedas, en los que se incluyen las *Upanishads*, son el aliento de Dios. Los *mantras* que contienen no fueron ideados por nadie sino que fueron percibidos por los *rishis* (videntes) ya que siempre han existido en la atmósfera en forma sutil. Amma no necesitó leer las escrituras porque su visión es lo suficientemente sutil como para poder percibir dichas verdades – para ella, el universo es un libro abierto y todo lo que sale de sus labios es una *Upanishad*.

Quizás nos estemos preguntando por qué Amma rompió aquellos cuadernos. Aunque la única que lo sabe es ella, al plantearme cuáles podrían haber sido los motivos recordé una historia sobre el Dios Shiva y Skanda (Murugan), su segundo hijo, el cual, gracias al poder divino, fue capaz de memorizar todas las escrituras del *Sanátana Dharma* – un canon demasiado amplio para ser asimilado por un ser humano aunque dedicara toda la vida a ello. Un día, Shiva se acercó a su hijo y le dijo: "Como tus conocimientos abarcan todas las escrituras y todas las ramas de la ciencia védica, también dominas a la perfección la ciencia de *jyotish* (astrología védica). Cuéntame, por favor, lo que dice de mi futuro".

Obedientemente, Skanda le hizo la carta astral a su padre y, después de examinarla un instante, le miró a la cara y le dijo: "Tendrás dos esposas, ninguna posesión reconocida y toda la vida serás un mendigo errante y sin hogar".

Al escuchar el vaticinio de Skanda, Shiva dijo: "Cierto es de que tienes el don de predecir el futuro con exactitud pero lo que no sabes es cómo transmitirles esa información a los demás. Si al describirle la vida a tu padre lo cuentas como si fuera una vergüenza, ¡cómo se lo contarás entonces a los seres humanos! En lugar de presentar tus predicciones desde un ángulo positivo, lo explicas todo sin criterio alguno y eso puede herir a los demás. Así que, a partir de este momento, aunque tú y todos los estudiosos de la ciencia de *jyotish* tengáis toda la información correcta a vuestro alcance – lugar y hora de nacimiento así como las posiciones de los astros en ese momento – seréis incapaces de predecir nada con total exactitud".

De la misma forma que el Dios Shiva le retiró al ser humano la capacidad de predecir el futuro con total exactitud, me da la sensación de que Amma, al romper todos aquellos escritos, decidió ocultarnos la visión completa de cómo funciona el mundo, quizás porque no estamos preparados para afrontarlo o, quizás, como ella misma dijo una vez, porque sería como el príncipe que accede a jugar a la gallinita ciega – con los ojos tapados y dando tumbos, intenta encontrar a sus amigos que están escondidos. Si quisiera, no le costaría nada quitarse el pañuelo de los ojos o llamar a sus amigos por su nombre y ordenarles que salgan de sus escondites, porque para eso es el príncipe y todos tienen que respetar sus deseos. Pero es que, entonces, el juego ya no tendría ninguna gracia. ❖

Capítulo 10

Reconfiguración de nuestro ADN espiritual

Habla o actúa con la mente impura
Y los problemas irán tras de ti
Como las ruedas van tras el buey que tira del carro...
Habla o actúa con la mente pura
Y la felicidad irá tras de ti
Como tu sombra, inquebrantable.

— Dhammapada

De todos es sabido que nuestras características físicas vienen dictadas por nuestro ADN el cual, a su vez, proviene de nuestros antepasados y no se puede cambiar a menos que se vea dañado por ciertos agentes medioambientales. Pero imaginemos que fuera posible ir reconfigurando nuestro ADN a voluntad poco a poco, durante un período de tiempo. Lógicamente, eso haría que cambiaran nuestras características físicas. Aunque es evidente que esto no es posible con el ADN físico, sí que lo es con el ADN espiritual, que es otra forma de llamar al *karma* acumulado tanto en esta vida como en las anteriores.

Puede que la semilla de una secuoya sólo pese unos pocos gramos pero, en su interior, contiene en potencia un árbol de 2.500 toneladas. La semilla es un producto de la suma total del árbol – su esencia – literalmente encerrado en una cascarilla. Aunque lo plantemos mil años después, la configuración de su ADN es lo que determina que sólo crezca una secuoya y no un banano.

Pues lo mismo sucede con nuestro *karma*, nuestro ADN espiritual. El cuerpo sutil también está resumido en forma de semilla en el momento de la muerte y, cuando las circunstancias son propicias, nuestro ADN espiritual da su fruto, igual que el ADN de una semilla va madurando hasta convertirse en todo un árbol con el paso del tiempo.

Como seres humanos, somos los arquitectos de nuestro destino, tanto a nivel individual como colectivo. En una sesión de preguntas y respuestas que tuvo lugar durante una gira de Amma en occidente, un joven le preguntó: "Estamos viendo que, en todo el mundo, están desapareciendo de la faz de la tierra las culturas indígenas y las tradiciones autóctonas. ¿Por qué Dios permite que suceda todo esto?" Como respuesta Amma dijo que no es Dios el que destruye esas culturas sino que son los seres humanos. Cada uno de nosotros somos en parte responsables de la sociedad en que vivimos. Dios nos ha otorgado distintos talentos así como la energía para hacer cosas, pero lo que nosotros hagamos con esos regalos es cosa nuestra. Podemos usar el fuego para cocinar o para quemar una casa, pero no le podemos echar la culpa al fuego del mal uso que nosotros hagamos de él.

Había una vez un carpintero ya mayor que se había pasado la vida construyendo casas para los demás pero nunca había conseguido suficiente dinero para comprarse una él. Aún así, como quería tener más tiempo para estar con sus nietos, decidió jubilarse.

Cuando se lo comentó a su jefe, éste le pidió que, como favor personal, construyera una última casa. Aunque el carpintero accedió, enseguida se pudo ver que no le ponía entusiasmo al asunto porque hacía chapuzas y utilizaba materiales de peor calidad. Era una pena que acabara así su vida profesional.

Cuando el carpintero terminó la casa, el constructor se acercó a inspeccionarla y, aunque se sorprendió de lo mal que había trabajado, algo tan poco característico en él, no comentó nada pero, dejando escapar un suspiro de tristeza, le entregó la llave de la puerta principal de la casa y le dijo: "Ésta es tu casa. Es mi regalo". Al percatarse de su error, al carpintero se le partió el corazón y, cabizbajo y avergonzado, cogió las llaves de su nuevo hogar.

De haber sabido que se estaba construyendo su propia casa, el carpintero habría mimado su trabajo, pero ahora ya era demasiado tarde – tenía que quedarse a vivir en la casa que él mismo se había construido.

De esa misma forma, nuestra vida actual es el resultado de lo que hemos pensado, dicho y hecho en el pasado; y nuestra vida de mañana será el resultado de las opciones que escojamos hoy. Esto se aplica no sólo a esta vida sino también a las anteriores y a las próximas. Cualquier acción, sea buena o mala, tiene su efecto correspondiente. Una acción buena tiene un resultado positivo (por ejemplo, si hoy yo ayudo a alguien, algún día alguien me ayudará a mí) mientras que una acción mala tiene un resultado negativo, ya sea inmediatamente o a largo plazo.

La ley del *karma* es tan estricta e inquebrantable como la ley de la gravedad pero, con la gracia de un *mahatma*, con fe y con un poco de esfuerzo personal, podemos reconfigurar nuestro ADN espiritual para que nuestro destino sea relativamente más favorable de lo que podría haber sido, evitándonos así muchísimo sufrimiento.

Había un devoto que estaba en un programa de Amma en Tamil Nadu y estaba haciendo *seva* (voluntariado) en la cocina. De repente, mientras echaba agua hirviendo de un cazo a otro, se le resbaló la mano y se tiró toda el agua encima del brazo. En un instante, la piel se le cubrió de ampollas. Una vez hubo recibido los primeros auxilios, le fue a contar a Amma lo que le había pasado y, aunque no se lo dijo directamente en ese momento, interiormente el hombre se sentía ligeramente molesto por ese incidente y se preguntaba: "¿Cómo me puede haber pasado algo así mientras hacía *seva* para Amma?".

Al cabo de una semana, cuando Amma ya había regresado a Amritapurí y el devoto se había reincorporado a su trabajo normal, su esposa me llamó por teléfono. La noté muy consternada porque, en la fábrica donde trabajaba su marido, se había producido una explosión y habían tenido que hospitalizar a varios trabajadores con graves quemaduras. Como le habían dicho que su esposo era una de las víctimas del accidente, quería que Amma les diera sus bendiciones para que no le pasara nada. Sin embargo, al rato, volvió a llamar para informarme de que, de hecho, su marido no se encontraba en la fábrica cuando se produjo el accidente porque había salido a hacer un recado, y al que habían tenido que hospitalizar era a un compañero de trabajo que se llamaba igual.

Un par de días después, el devoto vino personalmente al *áshram* para darle las gracias a Amma por haberle protegido de ser una de las víctimas porque estaba convencido de que fue la gracia de Amma la que le hizo ausentarse de la fábrica en el momento del accidente.

"¿Por qué te ibas a quemar ahora?", le preguntó Amma como si nada. "¿No te acuerdas de lo que te pasó la semana pasada?".

Al escuchar ese comentario de Amma, se quedó boquiabierto porque, de repente, se percató de que esas heridas leves que había padecido la semana anterior haciendo *seva* durante el programa de Amma, en el fondo habían sido una bendición – con ellas Amma le había hecho agotar ese *karma* que, de otra forma, se le habría materializado en el incendio de la fábrica.

Cuando mi hermana *purváshrama*[13] era muy pequeña, se le desarrolló una variante grave de reuma. Aunque mis padres

---

[13] Al tomar los votos de *sannyas*, cuando uno se refiere a su familia biológica ya no utiliza la terminología corriente de "mi madre", "mi hermana", etc., porque se entiende que el *sannyasi* ha trascendido todos los apegos y responsabilidades

purváshrama la llevaron a muchos médicos y probaron todos los tratamientos existentes, ninguno consiguió curarla. Entonces, como harían prácticamente todos los padres indios en esa misma situación, decidieron consultar a un astrólogo para ver si existía algún remedio espiritual. Después de estudiar su carta astral, el astrólogo les recomendó que hicieran varias ceremonias del fuego a gran escala, lo cual obligaba a mis padres a contratar entre diez y doce oficiantes y dar de comer gratis a los brahmanes pobres. Sin embargo, a pesar del enorme gasto que todo eso suponía, mis padres siguieron los consejos del astrólogo y, en unos cuatro meses, mi hermana se recuperó. Pero, diez años más tarde, se le reprodujo le enfermedad. Aunque, por aquel entonces, yo ya conocía a Amma, mis padres dijeron que tendrían que volver a hacer todos aquellos rituales para salvar a mi hermana – la única diferencia era que, en diez años, se había incrementado el coste de contratar a los oficiantes y de organizar unas ceremonias tan intrincadas.

Sin embargo, esta vez mi hermana no estaba dispuesta a participar porque estaba convencida de que la gracia de Amma era lo único que la podría curar con facilidad y, cuando le fue a contar su problema, Amma le dio un mantra y le dijo que lo repitiera media hora por la mañana y otra media por la tarde. Mi hermana siguió sus instrucciones y, al cabo de seis meses, volvió a encontrarse bien.

Las escrituras dicen que, de hecho, hay tres tipos de *karma*. El *sanchita karma* es el conjunto de resultados de todas las acciones de todas nuestras vidas anteriores. La porción de ese *sanchita karma* que vamos a experimentar en esta vida en concreto se llama

con respecto a dicha familia. Entonces, para referirse a dichos parentescos, el *sannyasi* o la *sannyásini* utiliza el calificativo de *purváshrama* (perteneciente a una etapa anterior de la vida). Sin embargo, para aligerar la lectura del texto, sólo he aplicado este formalismo en las referencias iniciales a mis parientes biológicos.

prarabdha karma y es el responsable de nuestra actual encarnación. El que seamos hombre o mujer, que tengamos enfermedades crónicas o una salud de hierro, que comamos con cubiertos de plata o los restos de un vertedero, así como una innumerable cantidad de factores de nuestra vida, viene determinado por nuestro *prarabdha karma*. Y justamente este *prarabdha karma* es el ADN espiritual que traemos a esta vida.

Para ilustrar lo que es el *prarabdha karma* Amma pone como ejemplo el caso de algunos gemelos que, aunque son hijos de la misma madre, uno nace ciego y el otro perfectamente sano. Eso no es porque Dios lo haga adrede sino porque es el resultado de lo que él o ella haya hecho en otras vidas. Asimismo, también forma parte del *prarabdha karma* de los padres que les nazca un hijo así.

Pero, en esta vida, no sólo cumplimos con nuestro *prarabdha karma* sino que también emprendemos nuevas acciones. Los resultados de las acciones que realizamos en esta encarnación se van acumulando a nuestro crédito y es lo que se llama *agami karma*, gran parte del cual dará sus frutos en esta vida mientras que el resto se añadirá a nuestro *sanchita karma* cuando nos muramos. Cuando se agota el *prarabdha karma*, el cuerpo se muere.

Una vez muerto el cuerpo, otra porción de *sanchita karma* se transforma en el *prarabdha karma* de nuestra siguiente vida y, en esa nueva encarnación, acumulamos más *agami karma*, para agotar el cual tendremos que volver a nacer de nuevo. A esta concatenación de nacimientos y muertes se le llama *samsara*, en cuyo ciclo repetitivo se ven atrapados todos los seres que permanecen sumidos en el desconocimiento de su verdadero Ser.

Amma dice que, de la misma forma que existen leyes físicas como la de la gravedad o la de flotación, también hay sutiles leyes espirituales, una de las cuales es la del *karma*. Como somos conscientes de la ley de la gravedad, tenemos cuidado de que no se nos caigan las cosas. De forma similar, si también somos conscientes de la ley del *karma*, tendremos cuidado con lo que pensamos, decimos y hacemos. Ésa es la manera de reconfigurar nuestro ADN espiritual y de forjarnos un futuro que nos ayude a progresar cada vez más en el camino espiritual.

Cuando uno se establece de forma permanente en la conciencia del Ser, el *agami karma* y el *sanchita karma* desaparecen instantáneamente porque el alma liberada se percata de que es el *Atman*, el eterno testigo. Por mucho que nos sentemos en el asiento del conductor, si el coche no tiene combustible, no podremos conducir. Por otro lado, si tenemos un accidente de coche, no le podemos echar la culpa al combustible. De forma similar, el cuerpo, la mente y el intelecto sólo pueden funcionar en presencia del *Atman* pero ese mismo *Atman* no hace nada de por sí. El *Atman* nunca realiza ninguna acción y, por lo tanto, no acumula *karma* alguno.

En el caso de una persona asentada en la conciencia del Ser, como con lo que se identifica es con el *Atman*, haga lo que haga después de alcanzar ese estado no le supondrá ningún *karma* nuevo y lo único que permanece adherido a su existencia actual es el *prarabdha karma*. Cuando éste se agota, el cuerpo deja de vivir. Esas almas están liberadas del ciclo del nacimiento y de la muerte. [14]

Aunque no consigamos alcanzar la liberación en esta vida, al menos podemos evitar aumentar la carga de *sanchita karma* al no crear más *agami karma*, para lo cual debemos aprender a actuar sin *kartrutva bódham*, es decir, sin la sensación de "esto lo estoy haciendo yo". La manera más fácil de superar esta sensación es considerándonos un instrumento de Dios. Amma dice que

---

[14] Sin embargo, por voluntad propia, pueden volver a nacer con el propósito de beneficiar al mundo, ayudar a los seres humanos que sufren y guiar a los buscadores espirituales hacia la liberación. Amma siempre dice que está dispuesta a reencarnar las veces que haga falta por el bien de sus hijos.

tenemos que considerar que somos una pluma en la mano de un escritor o un pincel en la de un pintor divinos.

Mientras sigamos haciendo cosas con esa sensación de "soy yo el que hace esto", o con el deseo de disfrutar de la recompensa a nuestro esfuerzo, seguiremos acumulando *karma*. Y esa concatenación de *karmas* es lo que nos mantiene atrapados en el ciclo del la vida y de la muerte. Sin embargo, si hacemos de nuestras acciones una ofrenda a Dios, no nos veremos encadenados ni por ellas ni por sus resultados – todo Le pertenece a Él. Ni que decir tiene que no podemos dedicarnos a hacer daño a los demás u otras cosas negativas y justificarnos diciendo: "Esto no lo estoy haciendo yo – es Dios el que lo hace todo". Las escrituras de todas las religiones nos exhortan a comportarnos con cariño y compasión por los demás, y a adoptar una conducta correcta y dotada de virtudes. Pero si nuestra conducta va en contra de lo que Dios nos instruye, no Le podemos echar la culpa de lo que nosotros hagamos.

Amma dice que, cuando las cosas nos salen bien, nos adjudicamos todo el mérito y nos apresuramos a resaltar que "he sido yo" quien lo ha hecho, que tal cosa ha salido así gracias a "mí". Sin embargo, cuando nuestros esfuerzos fracasan, aun debiéndose a nuestros propios errores, siempre le echamos la culpa al otro.

Iba un anciano conduciendo por la autovía cuando, de repente, le suena el móvil. Era su esposa, que, muerta de pánico, le quería alertar: "Enrique, acaban de decir en las noticias que hay un conductor suicida en la autovía que va en sentido contrario. ¡Ten mucho cuidado, cariño!"

"Yo, es que no entiendo cómo dan las noticias esta gente", se quejó Enrique. "No es que haya un coche yendo en sentido contrario – ¡Es que son cientos los que van al revés!".

Quizás pensemos: "Y ¿por qué lo tengo que dejar todo en manos de Dios, si las cosas han salido bien precisamente gracias a mi talento y a mi destreza?". Pues porque es precisamente esa actitud la que nos encadena a todo lo que hacemos y a los resultados que obtenemos. En el *áshram* de Amma, hay mucha gente que trabaja muchísimo sin esperar nada a cambio. Trabajamos muchas horas al día sin cobrar nada pero estamos muy felices de poder ofrecer todo nuestro esfuerzo a Amma y al mundo. Eso es un esfuerzo verdaderamente loable. Sin embargo, aunque no cabe duda de que cumplimos con nuestra obligación con dedicación y con cariño, puede que algunos sigamos sintiendo por dentro que: "Esto lo he hecho yo. Soy yo el que ha hecho todo esto por Amma". En ese caso, debemos intentar cultivar esta otra actitud: "Todo lo que hago es gracias a la fuerza que me da Dios". Esto nos permitirá obtener todos los beneficios que conlleva el actuar de forma desinteresada – en lugar de tocar el cielo, podemos deshacernos del ego y, de esa forma, ir más allá de los méritos y los deméritos, de los cielos y los infiernos, y alcanzar esa pureza mental que constituye el requisito fundamental para obtener la liberación final.

En tiempos remotos vivió un emperador muy poderoso aunque también bondadoso llamado Mahabali que conquistó todos los mundos así como los cielos. Su reinado fue una época dorada en la que sus sujetos vivían felices y contentos, sin preocupaciones. Al hablar de cuando era niña y de la festividad de Ónam, que se celebra justamente en honor del reinado de Mahabali, Amma recuerda que, en cada aldea, se reunían en el patio todos los niños de cincuenta o sesenta casas, montaban un columpio bien grande y cantaban canciones sobre Mahabali como, por ejemplo, ésta:

māvēli nāṭuvāṇīṭum kālam
mānuṣarellārūm onnupōle

En los tiempos del reinado de Mahabali,
toda la humanidad vivía en sintonía.

Sin embargo, a pesar de hacer tantas obras benéficas y de que en su imperio reinaba la paz, Mahabali sentía un gran orgullo personal por todo lo que había conseguido y, con el fin de corregirle esa actitud y que no le impidiera evolucionar en el camino espiritual, el Dios Vishnu decidió intervenir encarnándose en un joven *brahmachari* de nombre Vámana el cual, un día, fue a visitar al emperador. Según la tradición hindú, cuando llega un invitado, se le debe agasajar como si fuera Dios en persona e intentar que, al marcharse, se sienta plenamente satisfecho. Así que, cuando el muchacho enano entró en el palacio, Mahabali le preguntó qué se le antojaba. Vámana respondió: "Sólo deseo todas las tierras que pueda abarcar dando tres pasos, para así tener dónde hacer austeridades".

Lleno de vanidad, el emperador pensó: "¿Qué son tres pasos de tierra para mí, que rijo tantos mundos?". Dirigiéndole una mirada condescendiente, Mahabali le dijo: "¿Eso es todo lo que quieres? ¡Podría concederte tres naciones!".

"No", replicó Vámana. "El terreno que abarque con tres pasos es todo lo que necesito".

Haciendo un gesto de desdeño con la cabeza, Mahabali declaró: "Pues muy bien… Te concedo tres pasos de terreno. ¡Adelante!". En ese preciso instante, el pequeño Vámana empezó a crecer y crecer. Y creció hasta que, primero la cabeza, después los hombros y, finalmente, todo el cuerpo hasta los tobillos, traspasaron las nubes. Entonces, con el primer paso que dio, abarco todo el planeta Tierra y, con el segundo, todos los mundos celestiales. Entonces, se oyó su voz desde arriba, allá a lo lejos, que decía: "¡Majestad! ¿Dónde puedo dar el tercer paso?"

Al percatarse de que sólo podía tratarse de una encarnación divina, el gran emperador se postró ante él y le dijo: "¡Señor, ten la bondad de colocar tu pie sobre mi cabeza!".

Aunque hayamos resumido mucho esta historia, está repleta de simbología espiritual.

Con el primer paso que dio, el Dios Vishnu le arrebató a Mahabali el mundo entero, con lo que le destruyó su *mamakara*, esa noción de ser el dueño de las cosas que se reflejaba en su apego a su imperio.

Mahabali hizo cosas maravillosas y era reconocido como uno de los reyes más bondadosos y rectos de la historia del mundo. Gracias a todo ello, había acumulado muchos méritos pero, como se adjudicaba la autoría de todo lo que hacía y se consideraba la fuente de todo su poder, se había vuelto inmensamente orgulloso, por lo que estaba encadenado a sus actos con sus consecuencias. Mientras mantuviera esa actitud de autoría, tendría que seguir reencarnando hasta agotar el *karma* que generaba. Aunque fuera buen *karma*, lo cual le hubiera permitido reencarnar en mundos superiores, no habría conseguido liberarse del ciclo del nacimiento y de la muerte. Sin embargo, al dar el segundo paso y abarcar las esferas celestiales, Vishnu anuló todos los méritos acumulados por Mahabali. Al no tener que agotar ese buen *karma* reencarnándose en los mundos superiores, repletos de placeres limitados, el emperador podría por fin fundirse directamente con el infinito.

Con el tercer paso, al colocar el pie sobre la cabeza del rey, el Dios Vishnu le destruyó el ego o *ahámkara*, y Mahabali alcanzó la liberación. ❖

Capítulo II

Sobre la dadivosidad y el sacrificio personal

¡Qué lejos lanza sus rayos esa velita! Así es como relucen las buenas acciones en un mundo de hastío.

– William Shakespeare

Hace poco me contaron el caso de una niña pequeña que padecía una enfermedad muy grave y muy poco común, cuya única posibilidad de salvación era recibir una transfusión de sangre de su hermano de cinco años el cual, el año anterior, a duras penas había conseguido sobrevivir a la misma enfermedad pero, gracias a lo cual, había desarrollado los anticuerpos para combatirla.

El médico le explicó la situación al niño y le preguntó si estaría dispuesto a darle sangre a su hermanita. Después de vacilar sólo un instante, suspiró y dijo: "Sí. Si así se salva mi hermana, vale".

Mientras se realizaba la transfusión, el niño, tumbado en la camilla al lado de la de su hermana, sonrió como también lo hizo el resto de la familia al ver que la niña empezaba a recuperar el color en las mejillas. Sin embargo, poco a poco, la cara del niño empezó a palidecer y la sonrisa se le esfumó. Entonces, levantó la mirada hacia el médico y, con voz temblorosa, le preguntó: "¿Me voy a empezar a morir ya?". El pobre niño no había comprendido bien lo que le había dicho el médico y se imaginó que le tenía que donar *toda* su sangre a su hermana para salvarla.

Esa inocencia con la que el niño estaba dispuesto a entregar su vida a cambio de la de su hermana es algo realmente excepcional en el mundo de hoy. Aunque hay mucha gente que hace cosas buenas, no es nada fácil encontrar a alguien que haga obras benéficas con pureza en el corazón. Cuando Amma era pequeña, una vez vio que su hermano, al darle ropa a un pobre, no se la entregaba sino que se la tiraba. Asimismo, cuando sus familiares les daban comida a los pobres (que, por aquel entonces, eran considerados intocables), se la ponían en el suelo y se marchaban. Aunque su familia sabía que, para recibir la gracia divina, hay que servir a los pobres, no alcanzaban a comprender el principio que subyace a dicho acto de caridad. Cuando vieron que Amma lavaba a los pobres, les daba de comer y los consolaba con sus propias manos, al principio se quedaron perplejos y horrorizados pero, poco a poco, Amma les fue haciendo comprender el principio que se esconde tras el servicio a los demás – servir a los pobres es servir a Dios porque Dios está en los pobres, Dios está en todas partes. En la actualidad, todos los miembros de la familia de Amma se han vuelto devotos suyos y muchos participan personalmente en las obras sociales del *áshram*.

En la *Taittiriya Upanishad* se describe la actitud que debe acompañar a toda acción caritativa para que aporte el máximo de mérito y gracia.

śraddhayā deyam, aśraddhayā-deyam
śriyā deyam hriyā deyam
bhiyā deyam, saṁvidā deyam

Los regalos se deben dar con fe pero nunca sin fe.
Los regalos se deben dar en abundancia, con modestia y con temor.
Los regalos se deben dar con comprensión.

1.11.5

En este contexto, dar con fe quiere decir tener fe en la causa que se apoya. No se debe dar nada por obligación sino porque, de todo corazón, estamos convencidos de que eso es lo que se tiene que hacer. Dar con modestia quiere decir que uno no debe sentir arrogancia por poder dar algo. Siempre debemos recordar que hay otros que pueden dar más que nosotros y que, en verdad, todo Le pertenece a Dios – y que esa oportunidad de servir a los demás es un valioso regalo que Dios nos da. A pesar de todo lo que Amma ha hecho por el mundo, ella dice con toda humildad: "No es más que Dios el que hace todo esto. Yo no hago nada. Si Dios me da fuerzas, yo puedo ponerme en acción".

¿Qué significa dar con temor? Que siempre tenemos que precavernos contra el ego. Cuando hacemos algo bueno, tendemos a sentirnos orgullosos, lo cual nos refuerza el ego. Pero así lo único que se consigue es que unas acciones con las que se intenta debilitar y, finalmente, eliminar el ego, no sirvan más que para inflarlo y reforzarlo.

Samvidam deyam se puede interpretar de distintas maneras. Se puede traducir como que, al utilizar el discernimiento, nos aseguramos de que el regalo va a parar a una persona que se lo merece y que lo utilizará adecuadamente. También puede querer decir "dar con *gñana*", es decir, a sabiendas de que todos los seres del universo no son más que distintas formas de la misma esencia divina y de que, cuando ayudamos a alguien, estamos sirviendo a Dios.

Por regla general, nuestro concepto de caridad y sacrificio está bastante distorsionado. Cuando nos sacrificamos, por decirlo de alguna manera, lo hacemos a regañadientes y pensando: "¡Vaya! *Otra vez* tengo que desprenderme de algo". Pero el origen de la palabra "sacrificio", incluso en castellano, implica algo completamente distinto. Proviene del latín *sacrificium*, que quiere decir "hacer sagrado" – y eso es precisamente el verdadero concepto del sacrificio: que, hagamos lo que hagamos, al ofrecérselo a Dios se convierte en algo sagrado y los resultados nos llegan en forma de *prasad*[15].

En la *Bhágavad Guita* (3.15), Sri Krishna le dice a Árjuna que el sacrificio es parte intrínseca de la creación porque siempre estamos sacrificando una cosa por otra – es simplemente cuestión de si sacrificamos lo inferior por lo superior o lo superior por lo inferior. Cada día hacemos de oficiante principal del templo de nuestra vida, supervisándolo y ofreciendo cada uno de nuestros pensamientos, palabras y actos en el altar de algún objetivo o aspiración, ya sean burdo o sublime. Amma dice que, desafortunadamente, sacrificamos lo alto por lo bajo con demasiada frecuencia. A cambio de obtener ganancias y placeres efímeros, sacrificamos nuestras cualidades humanas y, junto con ellas, nuestra oportunidad de alcanzar la paz interior.

Una vez un hombre se acercó a un *sannyasi* con las manos juntas en posición de saludo reverente y empezó a decirle: "¡Oh, *swámiji*! Mi más profundo respeto por todo lo que te has sacrificado."

El *sannyasi* le contestó: "Más bien debería inclinarme yo ante ti porque tu sacrificio es mayor que el mío".

El hombre quedó boquiabierto: "¿Cómo puedes decir eso, *swámiji*? ¡Si yo vivo en una casa bien confortable, con mi familia, y puedo adquirir todo lo que deseo!"

"Es cierto que yo he renunciado a los placeres de este mundo pero lo hice con el fin de alcanzar la paz eterna, mientras que tú has sacrificado voluntariamente la paz de tu mente a cambio de todos los problemas y desasosiegos de la vida mundana. Pues entonces, ¿quién es superior a quién?"

---

[15] *Prasad* es todo lo que se ofrece o es bendecido por el *satguru* o por Dios.

Si nos fijamos atentamente en Amma y la emulamos, podremos aprender a sacrificar lo bajo por lo elevado en lugar de hacer lo contrario.

Hace pocos años, durante uno de los programas que Amma dio en Chennai, llegó al *darshan* un leproso y, después de abrazarlo, una persona le preguntó a Amma cómo se atrevía a correr semejante riesgo: "A mí es que ni se me pasaría por la cabeza hacer algo así", le confesó esa persona a Amma.

Entonces ella le explicó: "Cuando me encuentro en situaciones así, me pregunto: '¿Vivo para mí o para el mundo? Si vivo para mí, no debo hacerlo. Pero como vivo para el mundo, mi obligación es hacerlo'". (Es evidente que, a Amma, esas dudas no se le plantean pero lo explica así para poner un ejemplo que todos podamos comprender). Esto es una prueba de lo intensa e inquebrantable que es su convicción de anteponer las necesidades de los demás a las suyas.

Recuerdo otra conversación que tuvo lugar hace pocos años en el *áshram* de Amma en la India. A Swami Jñanamritánanda Puri lo pusieron primero como encargado de la imprenta y, después, también de la revista espiritual mensual. Pero, además, Amma le pidió que se ocupara una temporada de las escuelas, más adelante de algunos de los proyectos humanitarios más recientes, y así han ido aumentando sus responsabilidades hasta el día de hoy.

Aunque a él no le preocupaba esa cantidad de trabajo, encargarse del día a día de los distintos proyectos le obligaba a pasarse el día pensando en cosas externas a él, mientras que, interiormente, lo que sentía era una fuerte tendencia a no prestarle ninguna atención a las cosas del mundo. Por ello, a la primera oportunidad, le comentó su situación a Amma: "Lo que me apetece es dejarlo todo una temporada, irme a un sitio aislado y dedicarme a meditar a fondo".

Al escucharle, a Amma se le iluminó la cara y le contestó: "Pues ¿sabes una cosa? ¡A veces a mí también me apetece eso! Pero hace mucho que decidí entregarle esta vida al mundo entero y mis intereses personales ya no cuentan. Ya no hay ningún 'yo' que quiera dejar de trabajar ni ningún 'yo' que quiera irse a meditar a un sitio solitario. Todo es por el bien del mundo".

Amma demostró su compasión por el *swami* al identificarse con sus sentimientos pero también le enseñó cómo superarlos. Al escuchar su respuesta, el *swami* sintió por dentro un rebrote de entusiasmo por seguir cumpliendo con todas sus obligaciones con una actitud de entrega.

Amma está inmensamente agradecida a sus hijos por todo lo que se sacrifican por el bien del mundo. "Tendríamos que escribir un libro sobre todas y cada una de estas personas", comentó en una ocasión. "Alguien tendría que hacer también un documental sobre los discípulos y devotos de Amma de la India y del extranjero que trabajan incansablemente por el bien de los demás – un documento así sería de gran inspiración para las generaciones futuras".

Amma dice: "Tenemos que ser como velas, dando luz al mundo aunque se vayan derritiendo y consumiendo". Cuando arde una vela, la cera no se deshace y desaparece en la nada sino que se convierte en combustible para que arda la llama. La llama no existiría sin la cera en estado líquido. Al alcanzar un estado más sutil, la cera entra a formar parte de la llama. De la misma forma que la función de vela consiste en fundirse y hacerse llama, la culminación de la función de la mente consiste en fundirse en Dios.

Amma dice: "El verdadero buscador espiritual desea servir a los demás mediante el sacrificio. Su objetivo es que su mente sirva para alegrar a los demás al tiempo que se olvida de sus propias luchas internas. Eso es lo que el buscador ruega poder alcanzar. Amma está esperando a que vengan ese tipo de personas. La liberación vendrá en su búsqueda y les atenderá como una sirvienta".

Si queremos conocer el verdadero significado del sacrificio, basta con que nos fijemos en Amma. Amma es la estrella polar del sacrificio y del servicio a los demás, y nos indica tanto la dirección como la meta. En términos de dedicación, Amma ha establecido un récord que jamás podrá batirse – trabaja veinticuatro horas al día. A menos que alguien invente un día más largo, es imposible que nadie haga más por ayudar al mundo que Amma y, aunque nunca seamos capaces de seguir completamente su ejemplo, siempre podremos dejarnos guiar por él.

Una noche, uno de los *brahmacharis* pasó por delante de la habitación de Amma hacia las tres y media de la madrugada y se fijó en que, en un rincón, se apreciaba un leve resplandor. A la mañana siguiente, al preguntarle por ello a la asistente personal de Amma, ésta le dijo que Amma se había pasado toda la noche leyendo cartas de los devotos de todo el mundo pero que, como los *swamis* le habían expresado su preocupación de que estuviera despierta hasta tan tarde y de que no descansara nada, estuvo leyendo las cartas a la luz de una linterna para que los demás no viéramos la luz de su cuarto encendida y nos diéramos cuenta de que seguía despierta.

Amma siempre le da prioridad a la felicidad de los devotos aunque sea a costa de su propia salud y bienestar.

Una vez, durante una gira por la India, Amma tenía programado hacer una visita a casa de un devoto en particular después del *darshan* pero, como la multitud fue mayor de lo esperado, Amma se retrasó varias horas y los devotos estuvieron mucho tiempo esperándola en casa, donde le habían preparado una comida especial con todo cariño y con gran ilusión de que ella probara los distintos platos. Finalmente, Amma llegó y, después de hacer una breve *puja* (ceremonia devocional), fue directamente al comedor a distribuir *prasad*. Los anfitriones habían guardado la comida de Amma en un recipiente especial pero, cuando uno de los *brahmacharis* lo abrió para dársela, se dio cuenta enseguida de que la comida se había puesto mala y le susurró a Amma: "Amma, está comida se ha estropeado. ¡No te la comas!".

Amma hizo un gesto para indicarle que se callara y se puso a comérsela con gran deleite, a sabiendas de que estaba en malas condiciones y que le podía sentar mal. Después de tomar unas cucharadas, cerró la tapa del recipiente y dijo: "A Amma le gusta mucho esta comida, así que se la va a llevar y se comerá el resto más tarde". Entonces, empezó a distribuir como *prasad* entre los devotos la comida que habían preparado para los *swamis* y que no se había puesto mala. Más tarde, ya en el coche, comentó: "Es verdad que la comida se había puesto mala pero si ellos se hubieran dado cuenta, se habrían puesto tremendamente tristes. Por eso Amma se la ha llevado para que nadie más pudiera comérsela y sentarle mal".

En mayo de 2006, a Amma le concedieron el premio Intercredos James Parks Morton en el Interfaith Center de Nueva York y, como parte de la ceremonia, dio un discurso sobre la comprensión mutua y la colaboración entre las religiones.

Pero antes de partir de la India para asistir a dicho congreso, Amma tuvo una sesión de preguntas y respuestas con los residentes del *áshram*, algo que ella hace con regularidad para que tengan oportunidad de plantearle sus dudas y recibir su instrucción. Pero, ese día en particular, en la mente de todos los residentes del *áshram* sólo había una pregunta – querían que les hablara del premio que iba a recibir en Nueva York. La respuesta que dio Amma dice mucho de su visión de la vida: "Amma no ha pensado en ningún momento en el premio. Amma no va a Nueva York para recibir un premio sino porque el Interfaith Center le ha pedido que dé un discurso". Y continuó: "El mayor premio que puede recibir Amma es la felicidad de sus hijos. Amma no quiere ningún otro premio".

Mientras que para la mayoría de los residentes del *áshram* lo que importaba era lo que Amma iba a recibir en Nueva York, a ella lo único que le importaba era lo que iba a dar a los demás. Este deseo de dar constituye el punto focal de toda la vida de Amma. Ella misma dice: "A la mayoría de la gente lo único que le importa es qué puede obtener del mundo pero lo que determina la cualidad de nuestra vida es lo que somos capaces de darles a los demás". ❖

CAPÍTULO 12

De la rabia a la compasión

Por cada minuto que estás enfadado,
desperdicias sesenta segundos de paz mental.

– Ralph Waldo Emerson

Como cada año, en los meses de febrero y marzo de 2006 Amma hizo una gira por toda la India, desde el sur hasta las ciudades más al norte, dando programas en diecisiete ciudades. Ni que decir tiene que cualquier otra persona en su lugar habría viajado en avión de ciudad a ciudad y aprovechado el tiempo que sobrara para recuperarse del cansancio. Con el paso de los años las multitudes se han ido haciendo inmensas, en ocasiones rondando los cientos de miles de personas, lo cual deja muy poco tiempo para los desplazamientos. Pero, aún así, ese año Amma insistió en ir en coche, como los otros años, sólo porque así podría dedicarles algo de su tiempo a los residentes del *áshram* y a los devotos que la acompañaran en la gira. Algunas de esas extenuantes etapas en coche duraban veinticuatro horas o más y, en algunos viajes, las carreteras estaban en tan mal estado que daba la sensación de que habríamos llegado antes a pie.

Al inicio de otra etapa en carretera que prometía ser especialmente larga y ardua, Amma anunció que quería hacerle una visita a un devoto cuya casa estaba a más de una hora de camino, fuera de nuestra ruta. Sabedores de que Amma llevaba más de veinticuatro horas sin descansar y, peor aún, sin dormir, un grupo de *brahmacharis* intentó disuadirla de que fuera allí pero, al ver que a Amma sería imposible hacerla cambiar de parecer, algunos se sintieron muy resentidos con el hombre que la había invitado a su casa porque les parecía que era un egoísta y que le daba igual que Amma no tuviera tiempo para descansar.

Al llegar a dicho lugar, Amma se sentó ante el altar de la familia, realizó una *puja* y, seguidamente, cantó un *bhajan*. Cuanto más se alargaba la visita, más rabia iban acumulando los *brahmacharis* hacia el anfitrión. Al acabar la ceremonia, Amma se metió en uno de los cuartos para hablar en privado con el hombre y su mujer. Una vez allí, la rabia que sentían los pocos *brahmacharis* que entraron con ella se esfumó instantáneamente.

En la cama yacía un niño de unos diez años tremendamente contrahecho. Tenía una cabeza deforme y gigantesca en relación con el resto del cuerpo. Sus miembros no eran más que piel y huesos, careciendo completamente de grasa y carne. Tenía las manos agarrotadas hacia dentro por lo que no las podía usar. Al no controlar los movimientos de la cabeza ni del cuello, la mirada errante que se le atisbaba a través de lo poquísimo que podía separar los párpados no le servía de gran cosa. Todo en él transmitía agonía. La madre se arrodilló a su lado y lo meció en la cuna. En ese momento, el niño se pudo a gritar. Era completamente incapaz de levantar la cabeza por sí solo pero, incluso con la ayuda de alguien, resultaba evidente que le suponía un esfuerzo atroz. Era evidente que a los padres les era imposible sacarlo de casa, ni siquiera para recibir el *darshan* de Amma.

En la habitación, no había quien no llorara – la madre, el padre, Amma, hasta los *brahmacharis* que, momentos antes, estaban tan enfadados, eran incapaces de aguantarse las lágrimas al ver a Amma abrazando al niño, acariciándole el pecho y dándole besos en la frente. La agonía que ese niño estaba viviendo quedaba reflejada en la profunda preocupación y empatía que irradiaba la mirada de Amma.

"Llevo tres años pidiendo que Amma venga a bendecir a mi niño", confesó el padre, con la cara bañada en lágrimas.

"Sólo sentimos amor y compasión hacia los demás cuando nos metemos en su piel e intentamos comprender su situación y sus problemas", suele decir Amma. "La rabia se transforma en compasión cuando comprendemos una situación adecuadamente". El *satguru* no sólo instruye a sus discípulos oralmente sino que crea situaciones para que éstos alcancen a comprender con el corazón la verdad de las palabras del maestro. Este tipo de vivencias no se nos borran jamás.

Amma dice que, cuando veamos que alguien se está equivocando, en lugar de censurarlo o prepararnos para castigarlo, debemos intentar ver la situación desde su punto de vista y comprender qué es lo que le lleva a actuar de esa manera. Amma cuenta la siguiente historia.

Una vez, una mujer fue al parque con sus dos hijos y les dejó que jugaran a su aire. Ella, mientras, se quedó sentada en un banco, a solas. Los niños, encantados, empezaron a correr de aquí para allá y a hacer mucho ruido. Pero esta conducta le pareció muy molesta a un hombre que también estaba disfrutando del parque. "Oiga, señora", protestó, "sus hijos están molestando a los que nos gusta disfrutar de un poco de silencio y de tranquilidad. ¿Quiere hacerme el favor de decirles que se porten bien?".

La mujer no le contestó a su invectiva sino que permaneció sentada en silencio, tapándose la cara con las manos. Sorprendido, el hombre le preguntó si le pasaba algo. Finalmente, la mujer le miró y él se dio cuenta de que tenía las mejillas cubiertas de lágrimas. "Mi marido, el padre de mis hijos, se acaba de matar en un accidente, de viaje en el extranjero. No tengo ni idea de cómo se lo voy a decir a los niños ni cómo voy a poder consolarlos. Me he venido aquí para serenarme un poco y plantearme cómo se lo explico". Al escuchar a la mujer, el hombre se sintió avergonzado de lo desagradable que había sido con ella al hablarle de esa manera y le pidió disculpas por su falta de tacto. Lleno de lástima, se esmeró en ser amable y en ayudar a la viuda y a sus hijos, hasta el punto de que, para que ella pudiera estar un rato a solas para reponerse, se fue con los niños a tomar helado y, después, los llevó a todos a casa en coche.

La rabia no es una acción sino una reacción. No es tan difícil evitar hacer algo pero controlar nuestras reacciones resulta mucho más difícil pues requiere un elevado grado de autocontrol. Vamos a suponer que estás de pie, de cara a mí, pero en la otra punta de la habitación y te pido que te acerques. Puede que vengas, puede que no vengas y hasta puede que te marches. Por tanto, ante cualquier posible acción, siempre disponemos de tres opciones: hacerla, no hacerla o hacer justo lo contrario. Pero esto no es lo que pasa con las reacciones. A menos que tengamos un elevado grado de autocontrol, no tenemos opciones de reacción ante una situación determinada. Por ejemplo, si te pido amablemente que te enfades conmigo, te resultará imposible. Sin embargo, si te grito o te acuso de algo que no has hecho, en la mayoría de los casos te resultará imposible *no* enfadarte conmigo. Eso se debe a que la rabia no es una acción que podamos hacer a voluntad sino que es una reacción que se produce casi de forma automática. Sin embargo, hay una escapatoria a esta reacción – y las prácticas espirituales nos ayudan a convertirla en la solución perfecta. Con las prácticas espirituales reforzamos el poder de concentración lo cual, a su vez, nos ayuda a percibir mejor lo que está sucediendo tanto dentro de nosotros como en el mundo que nos rodea. Un experto en artes marciales es capaz de vencer fácilmente a sus contrincantes porque, desde la perspectiva de su refinada percepción, da la sensación de que todo lo demás se mueve a cámara lenta. De forma similar, cuando ya se lleva tiempo haciendo meditación y otras prácticas espirituales con regularidad, nos damos cuenta de que vamos a reaccionar mal a la primera señal y, entonces, podemos utilizar el discernimiento para evitar decir o hacer cosas movidos por esos sentimientos negativos.

Hace algunos años, estaba yo de pie cerca de Amma y llegó al *darshan* una anciana. Como ese día había mucha gente, Amma estaba abrazando muy deprisa. Cuando la anciana pasó el *darshan*, intentó levantarse y dejar sitio para la siguiente persona pero no acababa de conseguirlo y, como yo no quería que esa mujer retrasara a Amma, intenté ayudarla a salir del *darshan*. Sin embargo, por culpa de mi impaciencia, fue un poco brusco con ella. Entonces Amma se paró un momento, me miró y me preguntó: "¿A tu abuela la tratarías así?". Sin saber qué decir, me quedé cabizbajo.

En última instancia, Amma dice que, cuando sintamos rabia hacia otra persona, debemos recordar que el Ser que está en nosotros es el mismo que el de la otra persona. En ese caso, ¿quién se enfada con quién?

La *Isavasya Upanishad* dice:

yastu sarvāṇi bhutānyātmanyeva anupaśyati
sarvabhuteṣu cātmanam tato na vijugupsate

Aquel que ve a todos los seres en su propio Ser
y su propio Ser en todos los seres,
no siente odio alguno en virtud de dicha percepción.

yasmin sarvaṇi bhutanyātmaivābhudvijānataḥ
tatra ko mohaḥ kaḥ śoka ekatvamanupaśyataḥ

A aquel que ha alcanzado el conocimiento de que todos los seres
se han fundido con su propio Ser,
y a aquel que ha alcanzado la percepción de la unidad

de la existencia,
¿qué penas y qué vanas ilusiones podrán abrumarle?

6,7

En una de las giras, Amma fue por primera vez a una ciudad en particular y, aunque no era la primera vez que asistían más de 100.000 personas, sí que fue la primera en que todo el mundo intentó pasar al *darshan* exactamente en el mismo momento. A lo largo de todo el *darshan*, los *brahmacharis*, las *brahmachárinis* y los devotos que hacían la gira con Amma tuvieron que formar una barrera en torno al escenario para evitar una avalancha de gente. De hecho, fue tal la situación que el *sátsang* y los *bhajans* se tuvieron que retrasar más de media hora sencillamente porque la gente no quería bajarse del escenario. En un momento del *darshan*, Amma en persona se levantó y les dijo a todo el mundo por el micrófono que no se preocuparan, que les daría *darshan* a todos pero que sólo tenían que tener paciencia y no empujar. Más tarde, Amma comentó que nunca había pasado nada igual en los 35 años que lleva dando *darshan*.

Al día siguiente, de camino al siguiente programa, surgió un debate sobre el *darshan* del día anterior. Una mujer contó que, en un momento dado, tuvo que agarrar a un hombre por el cuello de la camisa para que no se subiera al estrado pero, de repente, se encontró con la camisa entre las manos – ¡sin el hombre dentro!

Fue tal el descontrol que se formó que mucha gente le pidió a Amma que no volviera nunca a esa ciudad. Un *brahmachari* le dijo a Amma que tenía una sugerencia para que la gente de esa ciudad evolucionara espiritualmente: "Amma, creo que el camino ideal para esta gente es la devoción", le dijo. "Igual que les pasaba a las *gopis* (vaqueras) de Vrindavan, toda esta gente debería pasarse toda la vida anhelando que regresara el Señor… pero sin que ella regrese nunca".

130

Amma se rió pero le indicó que su parecer era otro: "Devoción tenían. Lo que no tenían era conocimiento", le explicó Amma. "Pero como donde hay oscuridad lo que se necesita es más luz, ¡tenemos que volver por allí más a menudo!" Mientras que los devotos que viajaban con Amma habían sido muy críticos con la conducta de todos aquellos otros devotos, Amma tuvo la capacidad de ponerse en su lugar y comprenderlos. Amma siempre dice que la rabia es una discapacidad. De la misma forma que un discapacitado tiene problemas de movilidad, el que tiene mal genio es incapaz de relacionarse libremente con los demás – porque siempre le sale ese mal genio que le envenena las relaciones. Y, a veces, también sucede que la gente que tiene una discapacidad severa se enfada crónicamente porque, como no le puede echar la culpa a nadie de su sufrimiento, se enfada con Dios. Llega a haber casos en los que les consume hasta tal punto esa rabia que son incapaces de hacer cosas para las que, en otras circunstancias, su discapacidad no representaría ningún obstáculo. En ese caso, padecen una doble discapacidad – primero, la física y, después, la de la rabia. Ahora vive en el *áshram* un chico que nació parcialmente sordo y con una enfermedad cardiaca congénita que le dificultó el acceso a la escuela. En todos los cursos sacaba muy malas notas a pesar de tener toda la asistencia especializada y los tutores necesarios para que le hubiera sido más fácil. Por ello, tanto la familia como los tutores dedujeron que, sencillamente, no era muy inteligente. Pero lo cierto era que le consumía la rabia de haber nacido con discapacidades y, sencillamente, no tenía ningunas ganas de esforzarse por nada. Cuando tenía once años, su familia conoció a Amma y, al cabo del tiempo, decidieron instalarse en el *áshram*, donde Amma le inundó de tanto cariño y le infundió tantos ánimos que se le volvió a despertar la fe en Dios. Al ver todo lo que Amma había hecho por él y todo lo que se esforzaba por hacer felices a los demás, un día decidió ir a preguntarla si él también podía hacer algún *seva* en el *áshram*. Amma le pidió que fuera a ayudar al *brahmachari* que se encargaba de la oficina del fax y las fotocopias. Al haber sido Amma en persona la que le había encargado dicha responsabilidad, el chico se lo tomó muy en serio y puso toda su atención para aprender todo lo referente al funcionamiento de las máquinas y de los programas de informática que se utilizaban en ese trabajo. Actualmente, es un joven lleno de talento que sabe más sobre ese trabajo que el *brahmachari* a cargo de esa oficina, el cual, siempre que hay algo complicado que hacer, se lo pasa a este chico. Debido a su trabajo, se tiene que relacionar con muchos visitantes extranjeros y, además de su lengua materna, ha adquirido el suficiente nivel de inglés para desenvolverse en ese departamento.

Amma cuenta la siguiente historia.

Había una vez una niña con parálisis en las piernas, lo cual implicaba que toda su vida tendría que ir en una silla de ruedas. Todos los días, la niña veía a los otros niños jugar en el parque infantil que había cerca de su casa pero, como ella no podía participar en esos juegos, estaba siempre triste por su problema.

Un día, mientras miraba por la venta, vio que se ponía a llover a pesar de que seguía brillando el sol. Entonces se puso tan contenta al ver aparecer un arco iris precioso que hasta se olvidó de su tristeza y sus dolores. Pero unos instantes después, el arco iris se desvaneció y la niña se volvió a sentir triste aunque con la esperanza de que pronto el arco iris volviera a aparecer.

Todos los días miraba el cielo expectante, pero el arco iris no aparecía nunca hasta que, finalmente, le preguntó a su madre: "Mamá, ¿cuándo podré volver a ver el arco iris?"

Para consolarla, la madre le explicó: "Mira, cariño, cuando vuelva a llover y a hacer sol al mismo tiempo, volverá a salir el arco iris". La niña mantuvo su esperanza de volverlo a ver lo cual le hizo olvidarse en gran medida de sus dolores y su malestar.

Aunque seguía viendo jugar a los niños en el parque infantil cerca de su casa, dejó de sentirse triste por su discapacidad. En cambio, estaba llena de esperanzas y de expectativas de que, pronto, volvería a aparecer el arco iris.

Finalmente, llegó el día en que se puso a llover mientras lucía el sol y, entonces, volvió a aparecer el arco iris. La niña se puso tan eufórica que quería acercarse a él lo más posible y le insistió a su madre para que la llevara hasta allí. Aunque la madre sabía que el arco iris no duraría mucho, como no quería decepcionar a su hija, cogieron el coche y, pasadas varias calles, le dijo a la niña: "Vamos a pararnos aquí. Desde aquí tenemos una vista muy bonita".

La niña se quedó mirando el arco iris entusiasmada y, con gran dulzura en la voz, le dijo: "¡Arco iris! ¿Cómo es que eres tan bonito?"

El arco iris le contestó: "Yo también estaba tan triste como tú. Sentía mucha pena cuando veía las celebraciones que se hacían a mi alrededor porque sabía que yo tenía muy poco tiempo de vida. Pero, un día, pensé: '¿Por qué me tengo que sentir infeliz? ¿Por qué me tengo que sentir triste? Aunque sólo aparezca unos pocos segundos, puedo aprovechar ese tiempo tan corto para hacer felices a los demás'. Cuando se me ocurrió eso, me empecé a volver cada vez más bonito. El mero pensamiento de hacer felices a los demás hizo que me salieran todos estos colores".

Mientras le hablaba a la niña, el arco iris se empezó a desvanecer lentamente y, cuando desapareció por completo, la niña decidió: "Pues igual que el arco iris, en vez de sentir tanta pena de mí misma, yo también voy a hacer todo lo que pueda para hacer felices a los demás".

Puede que se nos ocurran mil razones para sentirnos tristes, deprimidos o de mal humor. Sin embargo, en vez de quedarnos refunfuñando por nuestro problemas, pensemos qué podemos ofrecerle al mundo. Si adoptamos la actitud correcta y tenemos la gracia de un verdadero maestro como Amma, podremos transformar nuestras cualidades negativas como la rabia, el odio y el rencor en amor y compasión. ❖

CAPÍTULO 13

El mayor milagro es un cambio en el corazón

"Dios crea de la nada. ¿Maravilloso, dices? Sí, desde luego, pero también hace algo que es incluso más maravilloso: hace santos de pecadores".

– Søren Kierkegaard

Hay tantas cosas que nunca se nos habría pasado por la cabeza hacer antes de venir a vivir con Amma. Normalmente, en el hogar tradicional hindú, la madre no permite que los hijos varones hagan ninguna de las tareas de la casa. Nunca habríamos imaginado que acabaríamos llevando sacos de arena en mitad de la noche, que limpiaríamos los servicios que han utilizado cientos de personas o que nos meteríamos descalzos en una fosa séptica que nos llegaba hasta los muslos. Antes de venir a vivir con Amma, no habríamos hecho nada de todo eso ni aunque nos hubieran ofrecido una fortuna. Sin embargo, repentinamente, nos encontramos haciendo todo eso encantados. En compañía de Amma, nos olvidamos de todo y pudimos superar nuestros condicionamientos previos.

Aunque les cueste un poco al principio, muchos devotos renuncian a sus apegos a la comida y a otras comodidades para poder vivir en compañía de Amma. Cosas que, antes de conocerla, les habrían supuesto graves problemas, ahora no les afectan en lo más mínimo. Recuerdo un incidente que se produjo en una de las giras y que ilustra de forma impactante este cambio de perspectiva.

Por el grupo de la gira circulaba un virus gástrico que se podía curar fácilmente con antibióticos pero que, de no tratarse, podía causar unas diarreas tremendas. Un hombre no fue al médico a explicarle los síntomas que tenía, pensando que mejoraría en poco tiempo. Sin embargo, durante la siguiente etapa, al ir a bajarse del autocar en una de las paradas para ir al servicio, no pudo controlar más el vientre. Aunque, obviamente, para él fue una situación tremendamente embarazosa, sus compañeros de viaje lo trataron con mucho cariño. Unos cuantos hombres se lo llevaron a un sitio apartado para poder limpiarle bien mientras que los demás pasajeros fueron saliendo del autocar uno a uno. Lo que cabría esperar era que la gente se pusiera a discutir a quién le correspondía limpiar tanta porquería. ¿Al conductor del autocar? Seguramente dejaría el trabajo antes que ponerse a hacer una cosa tan repugnante. Entonces, ¿quién lo haría? ¿Lo echarían a cara o cruz, lo haría el que sacara la pajita más corta o llamarían a una empresa de limpieza?

Lo cierto es que sí se estableció un debate pero, como todo el pasaje del autocar eran hijos de Amma, fue una discusión diametralmente opuesta a lo que hubiera sido de esperar. Todos empezaron a decir que ellos eran los únicos que debían subir al autocar para limpiarlo a fondo y, al final, acabaron subiendo todos a empujones de las ganas que todos tenían de servir a sus compañeros. Al final, fue un trabajo en equipo en el que participó casi todo el mundo – unos trayendo cubos de agua de un pozo cercano, otros echando un poco de jabón, otros barriendo, otros fregando, otros pasando bayetas y, finalmente, otros secando el suelo del autocar. Al final, el vehículo acabó más limpio que al comienzo del viaje – lo mismo que la mente y el corazón de los pasajeros.

Es evidente que, en la mayoría de los casos, una transformación de estas características no se produce de la noche a la mañana.

Según comenta Amma, suele suceder que, cuando alguien se viene a vivir al *áshram* como *brahmachari* o *brahmachárini*, al principio siempre espera que le den un *seva* que le guste. Para ilustrar este punto, Amma suele contar la siguiente historia.

Un hombre fue a ver a un *guru* con las manos en posición de saludo reverente, y le anunció que estaba harto de todo lo que le ofrecía el mundo y que quería pasarse el resto de sus días sirviéndole.

"¿Ah, sí?", le contestó el *guru*. "¿Y cómo te gustaría servirme?"

"Si me lo permites", le respondió el hombre con todo respeto, "quisiera servirte asesorándote".

Aunque uno tenga muchos estudios o haya sido gerente y haya tenido mucha gente a su cargo, es posible que, inicialmente, Amma le pida que trabaje en el establo de las vacas, lavándolas, dándolas de comer y recogiendo el estiércol. Amma dice que el *seva* que te encarga el *guru* no es más que para que puedas superar tus preferencias y aversiones y, con ese fin, te asigna alguna tarea que sabe que tú nunca habrías escogido por tu cuenta.

Durante mis primeros años de *brahmachari*, aunque yo ya vivía en el *áshram*, Amma me pidió que siguiera trabajando en el banco y, cuando finalmente me dio permiso para dejar ese trabajo, me puse muy contento y me sentí muy aliviado porque pensaba que por fin podría dedicarme más a las prácticas espirituales a semejanza de los demás *brahmacharis* del *áshram*. Pero coincidió que, en esa época, alguien donó una furgoneta al *áshram* y, como por aquel entonces yo era el único residente que tenía permiso de conducir, Amma me escogió para hacer de chófer. Me encantaba llevar a Amma y a los *brahmacharis* cuando tenían que ir a algún sitio a hacer un programa pero, además de eso, Amma me encargó de las compras de comida y aprovisionamiento general para el *áshram*, lo cual me obligaba a conducir la furgoneta casi cada día. ¡Adiós a mis sueños de pasarme largas horas inmerso en las prácticas espirituales! Como es natural, yo participaba de la mayoría de las actividades espirituales que formaban parte de la rutina del *áshram* como canto de textos sagrados, meditación, estudio de las escrituras y cantos devocionales. De hecho, lo que yo deseaba era poder dedicarles a todas estas prácticas incluso más horas de las prescritas pero, como es de suponer, conduciendo lo único que podía hacer era repetir el *mantra* que Amma me había dado.

Varios años más tarde, unos pocos *brahmacharis* más se sacaron el permiso de conducir con lo cual se terminó mi época de chófer y, una vez más, me alegré de la posibilidad de dedicarme más a la introspección. Pero para entonces, Amma ya había empezado a viajar por todo el mundo y llegaban al *áshram* devotos de todas partes. Entonces ella me pidió que me encargara de acoger y relacionarme con los visitantes extranjeros, añadiendo que debía pasar al menos cinco horas diarias hablando con la gente y ayudándoles. "Amma, es que yo había pensado dedicarle más tiempo a la meditación y a las prácticas espirituales ahora que ya no tengo que conducir", le dije, "pero ahora me pides que me pase cinco horas al día hablando con la gente. ¿Y mi *sádhana* (práctica espiritual)?"

"Ésa es tu *sádhana*", me contestó Amma.

Aunque, en un primer momento, yo no estaba muy convencido, me di cuenta de que, básicamente, los devotos sólo querían hablar de una cosa – de Amma, y eso me ayudaba a mantenerme enfocado en ella todo el día. Puede que te suene el concepto de meditar caminando, pero sin duda lo que Amma me había enseñado era una nueva forma de *sádhana* – la de "meditar hablando".

Así es cómo se convierte en *sádhana* cualquier cosa que el *guru* nos pide que hagamos y el simple hecho de seguir sus instrucciones con sinceridad y dedicación resulta tan beneficioso como cualquier otra práctica espiritual.

Hasta hace pocos años, en las giras por el extranjero yo me encargaba de hacer el *árati*[16] a Amma al comenzar el *darshan* de *Devi bhava*. Un día Amma dijo que había gente a la que no le parecía bien que siempre fuera un *swami* el que hiciera ese *árati* y nunca una *swámini* o *brahmachárini* y, en consideración a su opinión, dijo que, a partir de ese día, el *árati* al inicio del *Devi bhava* lo haría Swámini Krishnámrita Prana.

Como a mí me gustaba mucho hacerle *árati* a Amma, me dio un poco de pena dejar de hacerlo pero, como es lógico, acepté las instrucciones de Amma con positividad, sabedor de que, nos guste o no, siempre nos reporta beneficios seguir las instrucciones que nos da un verdadero maestro.

Amma dice que, si vamos al médico porque se nos ha infectado una herida, nos tendrá que sacar el pus pero, aunque eso nos duela, es por nuestro bien. Por mucho que nos pongamos a gritar, ningún buen médico dejará de drenar la herida porque sabe que, de lo contrario, empeorará y se convertirá en un grave problema.

De ese mismo modo, todos padecemos de la enfermedad del *samsara* – por eso hemos venido a conocer a Amma, para empezar. Cuando alguien va a ver a Amma porque desea alcanzar el Ser, Amma se hace responsable de despojarle de toda su negatividad. Este proceso es doloroso por naturaleza. Hay veces que Amma nos dice algo que nos hace daño al ego o nos pide que hagamos exactamente lo contrario de lo que queremos hacer. Sin embargo, no debemos oponer resistencia a esas situaciones sino que debemos aceptar el tratamiento que ella nos ha recetado sabedores de que eso nos va a hacer mejorar. Si ya nos encontramos con frecuencia en ese tipo de situaciones en el trabajo, donde tenemos un jefe al

---

[16] *Árati* se suele hacer hacia el final de los rituales de adoración y consiste en describir círculos con una llama de alcanfor ante el objeto venerado. El *árati* simboliza la entrega – igual que el alcanfor que se utiliza en el ritual no deja residuo alguno al arder, el ego se disuelve completamente al entregarnos al *guru* o a Dios.

que seguramente no le interesa la espiritualidad y, desde luego, no va a derramar sobre nosotros su gracia divina, ¿por qué, entonces, somos incapaces de aceptar este proceso con alegría cuando lo dejamos en manos de Amma? Un maestro auténtico nunca nos pedirá que hagamos nada que vaya en contra del *dharma* y siempre nos reportará más beneficios que la oficina. Lo único que se ha propuesto Amma es hacer que nos aflore la divinidad que llevamos dentro.

Al referirse a la mejor manera de aceptar la disciplina que nos imponga el maestro, Amma relata una historia sobre Sri Rama y su querido discípulo Hánuman.

En una ocasión, el sabio Vishwamithra le ordenó a Sri Rama que matara a un rey porque le había ofendido sin darse cuenta. El rey era un hombre muy recto y a Sri Rama no le gustó nada esa orden pero, como Vishwamithra era un *guru* para él y no le podía desobedecer, partió para cumplir dicha misión.

Al enterarse de lo que ocurría, el rey fue corriendo a pedirle protección a Ánjana Devi, la madre de Hánuman. Pero, antes incluso de saber cuál era el peligro que corría, Ánjana Devi se la concedió y le dijo: "No os preocupéis, mi Señor. Mi hijo Hánuman os protegerá de cualquier peligro".

Sin embargo, cuando el rey le avisó de que era el Dios Rama en persona el que quería matarlo, Ánjana Devi empezó a dudar de lo que había dicho porque no podía concebir que su hijo se enfrentara al Señor en persona. Sin embargo, Hánuman no le permitió a su madre que faltara a su palabra y le dijo: "Nuestra obligación es proteger a todo aquel que nos lo pida. No permitiré que nadie le haga ningún daño al rey. Debemos enfrentarnos a quienquiera que sea su enemigo".

Sucedió entonces que Hánuman fue a encontrarse con Sri Rama, el cual andaba en busca del rey. Se le tiró a los pies y, entre lágrimas, le dijo: "¡Señor, ten piedad del rey! No le mates, es inocente. Déjale que se vaya".

Pero Rama no estaba dispuesto a perdonar al rey: "Debo matarlo. Lo he prometido y no puedo faltar a mi palabra".

"Entiendo la devoción y lealtad que le tienes a tu *guru*", le dijo Hánuman, "pero mi madre ha prometido protegerlo y yo tengo la obligación de mantener esa promesa. Así que, si quieres matar al rey, ¡tendrás que matarme a mí primero! Mientras quede algo de aliento de vida en este cuerpo, no permitiré que nadie mate al rey".

Sri Rama cargó el arco y, cuando se preparó para lanzar una lluvia de flechas sobre Hánuman, éste ni cogió sus armas y ni siquiera se cubrió con el escudo, sino que se quedó de pie, con las manos juntas en señal de oración y, como siempre, siguió repitiendo el nombre de Rama. No obstante, fiel a su palabra, el Señor empezó a disparar oleada tras oleada de flechas contra su propio devoto.

Sin embargo, aunque Sri Rama jamás erraba un disparo, ni una sola flecha llegó a clavarse en el cuerpo de Hánuman porque, cuando estaban a punto de alcanzarlo, se convertían en flores maravillosas. Gracias a su inquebrantable devoción por Rama, hasta la ira del Señor se transformó en una bendición. Finalmente, Sri Rama admitió su derrota, al haber sido vencido no mediante resistencia sino mediante amor y aceptación.

De forma semejante, Amma dice que nuestro amor por el *guru* y nuestra entrega a él debe ser tal que seamos capaces de aceptar hasta la disciplina que nos imponga considerándola una maravillosa bendición.

El comienzo del *Devi bhava* no es el único momento en que se le hace *árati* a Amma – también se le hace después de los *bhajans* de la tarde y durante el *pada puja* (ritual de lavarle los pies al *guru*) que se realiza cada vez que Amma entra en la sala donde se va a hacer el programa. Estos *áratis* los hacen devotos o grupos de devotos distintos cada vez. Durante el *pada puja*, los *swamis* se quedan de pie detrás de Amma y cantan *mantras* védicos mientras los devotos hacen los rituales de lavarle los pies y el *árati*. A los pocos días de que Amma me dijera que ya no hiciera yo el *árati* del *Devi bhava*, caminaba yo detrás de ella al entrar a la sala para el *darshan* de la mañana cuando, de repente, al devoto que le correspondía hacerle el *árati* a Amma le entró una ansiedad tremenda porque era su primera vez, le empezaron a temblar muchísimo las manos y se le cayó el alcanfor al suelo. Con la preocupación de apagar la llama a toda prisa, de repente no había nadie para hacer el *árati* y, para que no faltar a la tradición, salté hacia delante y le quité de las manos la bandeja del *árati* al devoto, el cual, para entonces, se le había puesto cara de querer que se lo tragara la tierra. Mientras los otros *swamis* acababan de cantar los versos, le hice el *árati* a Amma. Además, en esa gira se produjeron incidentes similares en dos ocasiones más que me eliminaron, definitivamente, cualquier rastro de tristeza que me pudiera quedar por el asunto del *árati*. Hasta cuando Amma nos pide que hagamos algo que no queremos hacer, su amor maternal y su gracia divina suavizan el golpe.

Hace algunos años, un occidental se hizo *brahmachari* y se vino a vivir al *áshram* pero, por la razón que fuera, decidió que sólo quería estar con los *brahmacharis* indios y evitar al máximo relacionarse con otros occidentales. Compartía habitación con *brahmacharis* indios, comía con *brahmacharis* indios y también hacía *seva* con los indios. Se pasaba días enteros sin hablar con ningún occidental, a pesar de que en el *áshram* los había a centenares. Una mañana, al levantarse de tomar el desayuno indio rodeado por sus hermanos indios, se dijo lleno de satisfacción: "¡Ah! ¡Qué gusto de vida! Estoy siempre rodeado de *ashramitas* indios veteranos que ejercen muy buena influencia sobre mí y no tengo necesidad de ver a ningún occidental". No habían pasado ni tres cuartos de hora cuando le dan el mensaje de que Amma quiere verlo. Al ser la primera vez que le pasaba eso, fue corriendo a verla con gran expectación. Cuando el joven se arrodilló delante de ella, Amma le preguntó en un tono muy dulce: "¿Te importaría trabajar en la Oficina Internacional?" Es la oficina que se encarga del alojamiento, administración y problemas que puedan tener los extranjeros que vengan al *áshram*. Bastó con esa única frase de Amma para ponerle patas arriba ese "gusto de vida".

En la naturaleza podemos observar que, entre los pájaros, es frecuente que las madres empujen a sus polluelos fuera del nido para que aprendan a volar. De forma semejante, el maestro espiritual a veces nos pone experiencias difíciles para que nos volvamos más fuertes. Pero igual que la madre pájaro sólo le da al polluelo esos empujoncillos cuando considera que ya está preparado, el maestro espiritual nunca nos pondrá en una situación que seamos incapaces de afrontar. Hay ocasiones en las que lo que necesitamos es, justamente, tener que luchar por algo. Si se nos dejara pasar por la vida sin enfrentarnos a ningún obstáculo, no seríamos todo lo fuerte que podríamos haber sido. Muchas de nuestras destrezas sólo se manifiestan cuando tenemos que luchar por algo o cuando nos surge una necesidad. Si nunca tuviéramos que pasar ninguna prueba, las destrezas y capacidades que tenemos inherentes quedarían sofocadas.

Amma ha dicho una y mil veces que ni desea ni necesita nada de nosotros pero que su único deseo es que superemos nuestras limitaciones interiores para poder alcanzar un estado de auténtica felicidad. Aunque puede que a veces nos creamos que estamos sirviendo a Amma, en realidad es ella la que nos está sirviendo a nosotros. Ella ya vive en la plenitud y no necesita nada de nadie para ser feliz pero, por pura compasión suya, quiere llevarnos a todos a ese mismo estado.

Como es de suponer, no sólo los residentes del *áshram* han experimentado alguna transformación al conocer a Amma. Ése es el caso, por ejemplo, de la gente del pueblo que vive cerca del *áshram*. Los que hayan leído *Ultimate Success* recordarán la escena en que Amma se iba de gira internacional y salió del *áshram* lanzando *prasad* para toda la gente del pueblo. Pero, en esa época, los vecinos de la zona no salieron de sus casas para ver pasar a Amma sino que, sencillamente, dejaron el *prasad* de caramelos en el suelo – los niños fueron los únicos que sí los recogieron. Sin embargo, de un tiempo a esta parte, las cosas han cambiado mucho.

En 2005, el día que Amma se marchaba del *áshram* para hacer la gira europea, como es habitual los residentes se colocaron a lo largo del camino que va desde su habitación hasta la carretera de la playa. Sin embargo, en esta ocasión, esa fila de gente no terminaba ahí porque, a pesar de lo temprano que era, prácticamente los habitantes de todo el pueblo se habían levantado y estaban esperando, de pie, delante de sus casas, con las manos en posición de saludo reverente. Muchos habían prendido lamparitas delante de sus casas y las familias al completo – madres, padres, hijos y abuelos – estaban recién aseados y esperaban, cerca de sus lamparillas, a que Amma pasara por delante. Mientras, en el ambiente resonaba suavemente el *mantra Om Amriteswaryai namáh* acompañado del rugido de las olas que rompían en la playa.

El coche de Amma fue avanzando lentamente por la carretera, parándose ante cada lamparilla encendida. Entonces las familias extendían el brazo y Amma les metía caramelos en la mano. Después, cuando ya se alejaba, se podían apreciar lágrimas en muchos de los rostros. Algunos seguían cantando el nombre de Amma; otros, con un nudo en la garganta, susurraban: "¡Me ha tocado la mano!... ¡Me ha dado un caramelo!". Otros permanecían callados, de pie, sin moverse, aguantándose las lágrimas.

Al oír los *mantras*, muchas otras personas se tiraron de la cama y salieron corriendo de sus casas justo a tiempo para alcanzar a verla fugazmente, mientras que otros salieron directamente del baño, con la ropa mojada y el pelo empapado. Esa escena me recordó una historia que Amma suele contar de las *gopis* de Vrindavan. Una vez, las *gopis*, al enterarse de que Sri Krishna iba a bailar a la orilla del río Yamuná, dejaron todo a medio hacer y salieron corriendo de sus casas hacia el río. Algunas de las que se estaban haciendo la raya de los ojos, salieron con uno pintado y el otro sin pintar. Otras llevaban puesta sólo una de las tobilleras. Las que estaban cocinando iban horrorosas porque, sin darse cuenta, se habían secado el sudor de la cara con las manos sucias del hollín de la fogata. La *gopi* que estaba sirviéndole la comida a su marido salió corriendo con el cucharón en la mano mientras que otra, que estaba barriendo el patio al escuchar la llamada, seguía con la escoba en la mano. A las *gopis* les bastó con que alguien mencionara el nombre del Señor para dejarlo todo y salir corriendo hacia la orilla del río Yamuná.

En cuanto al cambio de actitud y de conducta de los habitantes de las casas cercanas al *áshram*, un hombre que es soldado comentó: "Antes del *tsunami*, todos pensábamos que nuestra protectora era *Kadal Amma* (la Madre Mar) pero, cuando la mar intentó destruirnos, fue Amma la que nos protegió. Por eso Amma es más grande que la Madre Mar".

Pocos días antes, la gente del pueblo había formado un pasillo a lo largo de las calles para celebrar el 52 cumpleaños de Amma – otra ruptura con el pasado porque fue la primera vez que los pescadores decidieron considerar festivo ese día y ninguno se hizo a la mar. Pero, más que el mero hecho de tomarse el día libre, esa fecha marcó un antes y un después en la actitud de los aldeanos hacia Amma. Después de todo lo que ella ha hecho por ellos a raíz de la catástrofe del *tsunami*, no es de extrañar que hayan decidido considerar "sagrado" la fecha de su cumpleaños. Esas personas son las mismas que, en otros tiempos, le tiraban piedras a Amma, que la insultaban y que, durante muchos años, se negaron a poner los pies en el *áshram*.

Recientemente, fue al *darshan* el padre de un niño que estudia en *Ámrita Vidyálayam* (red de escuelas primarias establecida por Amma). Se le notaba que estaba profundamente emocionado y, en cuanto que Amma lo cogió en sus brazos, empezó a llorar – aunque no de tristeza sino de gratitud y alegría.

Pocos días antes, había sido invitado a participar en el colegio de su hijo en una actividad que se realiza en todas las escuelas de Amma desde hace varios años. Para que los niños aprendan a respetar y querer a sus padres, las escuelas del *áshram* organizan unas ceremonias en grupo en las que los niños llevan a cabo el ritual de lavarles los pies a los padres, rito que instituye la *Taittiriya Upanishad* (1.11.2): "¡Que tu madre sea, para ti, una diosa! ¡Que tu padre sea, para ti, un dios!".

Mirando a Amma a los ojos, el hombre le dijo: "Cuando mi hijo me empezó a lavar los pies, me pregunté: '¿Quién soy yo para que me adoren de esta manera? No me lo merezco'". Y, entonces, le dijo a Amma que él nunca jamás les había tocado los pies a sus padres y menos aún hacerles *pada puja,*.

Pero entonces, le comentó a Amma, al regresar a casa se dio cuenta de que la ceremonia de su hijo le había impactado tanto que, cuando volvió a ver a su propia madre, se tiró rápidamente a sus pies en señal de agradecimiento reverente por todo lo que había hecho por él en la vida.

"Cuando le toqué los pies a mi madre, no se lo creía", contó el hombre. "Ahora, por primera vez en treinta y seis años, siento que le tengo respeto y cariño a mi madre, pero sólo me di cuenta de lo que ella valía cuando me incliné a sus pies. Entonces, ella, con mucho cariño y mucho afecto, me dio su bendición y me dijo: 'Esto deja sin efecto cualquier sentimiento negativo que yo haya podido tener hacia ti'".

El devoto le agradeció efusivamente a Amma su ayuda a restablecer los valores tradicionales para las generaciones futuras: "Amma, tú me has enseñado lo grande que es ser madre y eso te lo deberé siempre. Tú eres la madre de todos".

En febrero de 2005, cuando Amma fue a visitar el campamento de acogida de víctimas del *tsunami* en Sri Lanka, asistieron al *darshan* un grupo de los "Tigres tamiles" – miembros del *LTTE* (grupo de liberación Tigres de Tamil Eelam) – al mismo

Cuando Amma acudió a un campo de refugiados del tsunami en Sri Lanka, fueron al darshan tanto efectivos del ejército nacional de dicho país como miembros de los LTTE (Tigres tamiles).

tiempo que un grupo de soldados del *STF* (cuerpo de operaciones especiales) del ejército regular cingalés. Ambas facciones armadas están sumidos en una sangrienta guerra civil desde 1983 que se ha cobrado ya la vida de más de 60.000 personas. Muchos de los miembros del *LTTE* que vinieron al *darshan* eran mujeres jóvenes cuya militancia era fácilmente reconocible por llevar el pelo corto, camisas de hombre y anchos cinturones negros para pistolas. Cuando estas mujeres llegaban ante Amma, se les ablandaba la dura expresión del rostro y la mirada se les iluminaba con una sonrisa. Al no saber si Amma hablaba tamil, le pidieron que hiciera de intérprete a una funcionaria del Estado que se encontraba de pie cerca de ella. Éste fue, quizás, el momento más destacado de todos por el hecho de que un grupo de rebeldes le pidiera ayuda justamente a una representante del gobierno que se habían propuesto derrocar. Dicha funcionaria se emocionó mucho al ver que los dos bandos enfrentados coincidían en el mismo espacio sin

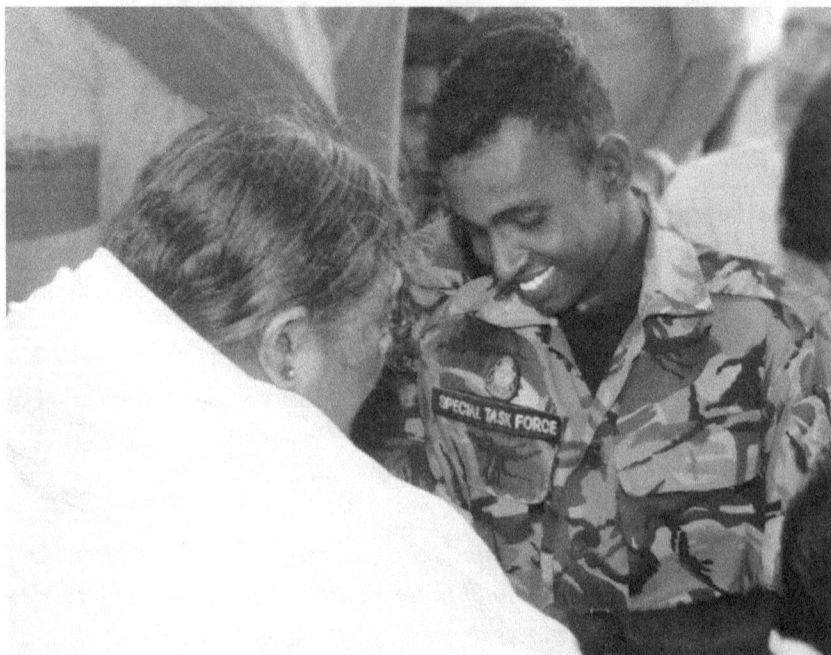

producirse ningún derramamiento de sangre ni el más mínimo enfrentamiento: "Amma es la fuerza que todo lo une", declaró. "Sólo Amma es capaz de reunir a todas estas personas". Semejante transformación sólo puede producirse en presencia de un auténtico maestro. Amma dice que el mayor milagro que se puede hacer no consiste en materializar un objeto de la nada ya que no se puede materializar ningún objeto que no exista ya de por sí en la creación. Según ella, el mayor milagro consiste en producir una profunda transformación en el corazón de un ser humano.

Y éste es un milagro que Amma hace cada día de su vida. ❖

Capítulo 14

Hablar con Dios

"La oración no hace cambiar a Dios, sino que cambie el que ora".

– Søren Kierkegaard

Si meditar es comulgar con Dios en silencio, la oración es como entablar una conversación. Amma dice que la verdadera oración es la gratitud pero que la mayoría de nosotros rezamos pasa pedir algo; son muy pocos los que rezan sencillamente por agradecimiento y amor a Dios, sin esperar nada a cambio. No obstante, sea lo que sea lo que nos motive a hacerlo, el ingrediente esencial de la oración es la fe. La fe y la intensidad son lo que hacen que nuestras oraciones den fruto. Amma pone el ejemplo de enviar una carta. Por mucho que pongamos el sello necesario, si no escribimos la dirección en el sobre, la carta nunca le llegará al destinatario. Actualmente, aunque afirmemos que tenemos fe en Dios, es una fe muy superficial. Amma suele contar la siguiente historia.

Un hombre que vivía al pie de una montaña tenía una amante justo en la ladera opuesta y, cada vez que quería ir a verla, tenía que emprender el largo camino alrededor de la montaña porque atravesarla por arriba era demasiado alto y arriesgado. Un día se acordó de que hay un dicho en la Biblia según el cual el que tiene fe del tamaño de un grano de mostaza, puede mover montañas. Aunque este hombre no era muy devoto, calculó que *esa* cantidad de fe sí que la tenía y, entonces, cada mañana se sentaba, cerraba los ojos y rezaba: "Señor, por favor, mueve esta montaña para

que pueda ver a mi querida en el jardín de delante de mi casa".
Acto seguido, salía a la parte delantera de la casa para comprobar
si la montaña se había movido o no. Pasaron varios meses pero
la montaña seguía sin moverse hasta que, finalmente, el hombre
exclamó lanzando las manos hacia arriba: " ¡Si es que ya sabía yo
que esto no se iba a mover!".

La verdad es que la auténtica fe escasea. Cuenta una historia
que un pueblo de la India llevaba varios años padeciendo una
grave sequía y, después de rebuscar por todas partes, sus habitantes encontraron a un oficiante de ceremonias que tenía fama
de atraer la lluvia mediante un *yagña* (ritual) muy elaborado.
Una vez acabados todos los preparativos, por fin llegó el gran
día y se reunieron miles de personas para presenciar la ceremonia
que, nada más terminar, iba a traer supuestamente unas lluvias
torrenciales. Pero, de toda esa multitud, sólo una persona, un
niño pequeño, se había ocupado de coger un paraguas. Cuando
la gente le vio llegar, le preguntó: "¿Por qué llevas un paraguas?
Hoy el sol no está tan fuerte".

El niño les contestó con otra pregunta: "¿Pero es que no está
a punto de ponerse a llover?" A pesar de que los habitantes de ese
pueblo hicieron todas las gestiones necesarias para conseguir que
el oficiante realizara el *yagña*, nadie estaba realmente convencido
de que iba a llover. Sin embargo, cuenta la leyenda que, gracias
a la fe inocente de aquel niño con su paraguas, el *yagña* fue todo
un éxito y, al terminar, se produjo una lluvia torrencial.

Cuando necesitamos ayuda, nunca se nos olvida invocar a
Dios pero, también con demasiada frecuencia, cuando se nos
presenta una solución de forma fortuita, se nos olvida darle las
gracias por haber escuchado nuestras oraciones. Había una vez una
mujer que volvía a su casa a toda velocidad porque el médico de
cuya consulta acababa de salir se había retrasado haciendo cosas en
el hospital y a esta mujer se le había hecho tremendamente tarde.

Todavía tenía que ir a la farmacia a por lo que le había recetado el médico, recoger a sus hijos de la canguro, ir a casa, preparar la cena y, además, no quería llegar tarde a la reunión entre padres y profesores que había esa tarde en el colegio. Mientras daba vueltas buscando un sitio en el aparcamiento del centro comercial que estaba atestado de gente, se puso a llover. Aunque no era de las que se ponen a molestarle a Dios con nimiedades, empezó a rezarle al girar y meterse en la calle del aparcamiento que estaba más cerca de la entrada al centro comercial: "Dios mío, mira qué día he tenido hoy y todavía me queda un montón de cosas por hacer. ¿Por qué no me encuentras un sitio para aparcar ahora mismo y, de paso, que sea cerca de la entrada para que no me empape con la que está cayendo?". Apenas si había terminado la frase cuando vio que, al final de esa calle del aparcamiento, había un coche al que se le acababan de encender las luces de marcha atrás. Era la mejor plaza posible, justo al lado del espacio reservado para coches de minusválidos y exactamente delante de la entrada principal del centro comercial. Cuando por fin metió el coche en la plaza perfecta, dijo: "¡Dios, no te molestes, otro día me consigues lo que te he pedido porque me acaba de aparecer algo aquí sin Tu ayuda!"

Amma dice que el verdadero buscador acepta todas las situaciones de la vida considerándolas un regalo de Dios o del *guru*. La auténtica oración consiste en darle gracias de corazón al Ser supremo por todo lo que se nos ha dado. No es porque Dios o el *guru* necesiten que les estemos agradecidos ni que los alabemos – es por nuestro propio bien que recordamos que todo lo que tenemos es un regalo ya que, al menos, durante el momento que dura nuestra oración dejamos de ser egoístas y, además, acatamos la voluntad de Dios. La oración es una forma natural de cultivar la humildad que nos ayuda a reconocer las limitaciones de nuestras propias fuerzas.

Porque, mirándolo bien, somos unos pobres desvalidos. Amma dice que hasta la fuerza para mover un dedo proviene exclusivamente de Dios. Si conseguimos mantener una actitud reverente en todo momento, conseguiremos ser humildes y, de esta forma, invocar a la gracia divina para que se manifieste en nuestra vida. Amma dice: "Aunque sea en la cima de la montaña donde llueve, el agua no se queda allí sino que va cayendo hacia las tierras más bajas. De forma similar, la gracia divina fluye de forma natural hacia el que consigue cultivar la humildad".

Amma dice que, al comernos un trozo de chocolate, deberíamos acordarnos del fabricante – cuando estemos disfrutando de la creación, deberíamos acordarnos del Creador. Todas las experiencias que tenemos en la vida, sean buenas o malas, son el resultado de nuestro *prarabdha*. No nos importa tener buenas experiencias – a eso no le ponemos pegas. Pues, de forma similar, cuando tengamos una mala experiencia, debemos repetirnos que ya nos hemos liberado de esa carga negativa de nuestro *prarabdha*, y eso nos reconfortará. Y siempre debemos recordar que hay otros que lo están pasando mucho peor que nosotros.

Había una vez un hombre joven que ya no podía aguantar más y, al no ver salida alguna, cayó de rodillas y se puso a rogarle a Dios: "Señor, no puedo más. Es demasiado para mí, no puedo con esto".

Cuando el joven abrió los ojos, se encontró con que había cambiado el entorno, que estaba de rodillas en medio de una enorme sala y que Dios estaba de pie delante de él. "Hijo mío", le dijo el Señor con cariño, "si eso es demasiada carga para ti, deposítala en esta sala y puedes llevarte de aquí cualquier otra que quieras". Muy aliviado, el hombre le dijo: "Gracias, Señor" y, al dar un suspiro, se percató de que todos sus problemas y preocupaciones se habían convertido en un fardo que le colgaba del hombro. Acto seguido, hizo lo que Dios le había dicho. Miró a su alrededor y vio que había muchos fardos distintos, algunos tan grandes que se necesitarían varias personas para poderlos levantar. Después de deambular mucho rato por la sala, se topó con un paquetito diminuto perdido en un rincón.

"Señor, quiero ése", susurró.

Y el Señor le contestó: "Hijo mío, ése es el que traías tú".

A veces, cuando nuestras oraciones no obtienen respuesta, nos planteamos si es que Dios no nos hace caso o si es que se ha ido de vacaciones, pero debemos recordar que la perspectiva de Dios es mucho más amplia que la nuestra. Cuenta una historia que una hormiga estaba haciendo *tapas* con el fin de obtener una visión de Dios para pedirle que le concediera un deseo – que muriera todo aquel que recibiera la mordedura de una hormiga. Aunque Dios sabía que conceder ese deseo sería un desastre para la humanidad, como el *tapas* de la hormiga era tan intenso, al final no se pudo resistir más y le dio *darshan* para concederle un deseo. Sin embargo, cuando Dios le preguntó a la hormiga qué quería, se aseguró de que su petición pudiera tener varias interpretaciones. Entonces, la hormiga exclamó eufórica: "¡Sí, mi Señor! Tengo pensada una cosa: que cuando una hormiga muerda a un ser humano, que se muera".

Dios le contestó: "Deseo concedido – siempre que una hormiga muerda a un ser humano, la hormiga morirá", y Dios desapareció antes de que a la hormiga le diera tiempo de aclarar su petición. Por esa razón, hasta el día de hoy, cuando una hormiga pica a un ser humano, no le queda mucha vida por delante.

Amma comenta a menudo que queda algo de armonía en el mundo justamente gracias a que Dios no responde a todas las plegarias. ¡Cómo sería, si no! – el camarero pidiendo más clientes, el médico pidiendo más pacientes y el de la funeraria pidiendo que haya una pandemia.

Cuando no hay *mahatmas* en el mundo, todo sucede exactamente según dicta la ley del *karma*. Sin embargo, el *mahatma* tiene la capacidad de alterar nuestro *karma* (hasta el punto que nos hayamos hecho merecedores de recibir su gracia). En este sentido, se puede decir que los *mahatmas* incluso tienen más compasión que Dios. Como devotos de Amma que somos, muchos hemos podido comprobar que incluso nuestras sencillas plegarias obtienen respuesta. Es posible que llevemos mucho tiempo rogándole algo a Dios sin recibir ninguna respuesta pero Amma hace que se cumplan nuestras plegarias rápidamente aunque quizás no nos lo merezcamos. Si le pedimos algo que deseamos – siempre que sea algo que no le haga daño a nadie y que esté de acuerdo con el *dharma* – sin duda alguna, nos ayudará.

Cuando le rezamos a un Dios invisible, nos puede resultar difícil hacerlo con mucha intensidad pero cuando le rezamos a alguien como Amma, a quien podemos ver, escuchar y tocar, nos saldrá hacerlo con más amor y mas fe de forma natural. Dicha intensidad es también lo que nos asegura que nuestras plegarias a Amma serán escuchadas.

Uno de los *brahmacharis* de Amma me ha relatado la siguiente historia. Hay un devoto occidental que lleva varios años viniendo al *áshram* de la India y que suele hacer la gira del norte con Amma pero, un año, no apareció. Cuando volvió a venir al año siguiente, dicho *brahmachari* le preguntó por qué se había ausentado el año anterior. Entonces el devoto le contó que, un día de la última gira que hizo con Amma, tuvo la oportunidad de estar sentado a su lado mientras daba *darshan* e irle pasando el caramelo y el paquetito de *vibhuti* (cenizas sagradas) que ella le entrega a cada devoto como *prasad*. Mientras él le pasaba el *prasad* a Amma, le tocó el turno del abrazo a una señora de, más o menos, su misma edad que le pareció muy guapa y, sobre todo, que era el tipo de mujer que llevaba buscando toda la vida. Pero, pongámonos en situación – esto sucedió en la India así que, ese día, Amma estaba dando *darshan* a 30.000 personas o más y abrazaba a la gente muy deprisa. Cuando este hombre le entregó a Amma el *prasad* siguiente, mentalmente le pidió: "Amma, ¿por qué no me encuentras una mujer así de dulce?". En ese mismo instante, Amma se paró, se giró hacia él, le miró al hombre directamente a los ojos, le lanzó una sonrisa radiante y se puso otra vez a dar *darshan*.

El hombre no volvió a pensar mucho más en eso pero, al regresar a su país, conoció a una mujer que se parecía mucho a la que Amma le había dado el abrazo en aquel momento en la India. Empezaron a salir juntos y se enamoraron enseguida. Amma le había concedido su deseo.

Al haber pasado todo ese año metido en esa relación, no había venido a la India el año anterior. Pero, al cabo de un tiempo, los dos empezaron a discutir por tonterías, las cuales se transformaron en cosas más serias y, poco después, se separaron debido a sus "diferencias irreconciliables".

Cuando le pedimos a Amma o a Dios que nos conceda algo que deseamos – un coche nuevo, un trabajo mejor, una pareja maravillosa – debemos tener presente que todas las cosas del mundo se van igual que vienen y nos aportan tanta alegría como disgustos.

Antes de que estallara la guerra del *Mahabhárata*, Árjuna por un lado, y Duryódhana por otro, fueron a ver a Sri Krishna para pedirle que les ayudara a ganar la guerra. Árjuna iba en representación de los Pándava y Duryódhana en el de los Káurava, los enemigos de los Pándava. Ambos llegaron a casa del Señor casi simultáneamente – Duryódhana solamente unos instantes antes que Árjuna – entraron y se dirigieron a su habitación porque Sri Krishna estaba durmiendo. Como al lado del cabecero de la cama del Señor había un sillón muy ornamentado, allí se sentó Duryódhana. En cambio Árjuna, al ser humilde por naturaleza, se quedó de pie a los pies del Señor con las manos juntas en saludo reverente. Ésa fue la razón por la que, aunque Duryódhana fuera el primero en entrar en la habitación, al abrir los ojos, al primero que vio Sri Krishna fue a Árjuna. Entonces, el Señor les preguntó a los dos qué querían.

Duryódhana, que era el líder de los perversos Káurava, le dijo: "Mi Señor, quiero que me ayudes a ganarles la guerra a los Pándava. Como he sido el primero en entrar, debes ponerte de mi lado".

Pero Sri Krishna ni se inmutó: "Es cierto que entraste primero, pero al primero que he visto ha sido a Árjuna. Por lo tanto, os voy a ayudar a los dos. Uno de vosotros podrá quedarse con todos mis ejércitos compuestos de millones de soldados, elefantes, caballos y carros de guerra, mientras que el otro sólo me podrá tener a mí. Yo no voy a llevar ninguna arma ni voy a luchar, sino que haré de auriga. Árjuna es más joven que tú, Duryódhana, y, según la tradición, el más joven es el que debe escoger primero. Así que, que escoja primero Árjuna".

"Yo te escojo a ti solo, mi Señor", afirmó Árjuna sin vacilaciones. "Tú eres mi único y auténtico refugio y, si no te tengo a mi lado, ni siquiera querría ganar esta guerra".

Duryódhana soltó una carcajada sardónica: "¡Qué suerte tengo de que mi enemigo sea tan idiota. Aunque hubiera podido escoger yo primero, me habría quedado con tus ejércitos, famosos por no haber sido derrotados en ninguna batalla. Sumando tus fuerzas a las mías, superamos a los Pándava con creces y eso es un garante de que voy a ganar esta guerra".

El resto, obviamente, es historia. A pesar de la apabullante superioridad del ejército Káurava, fueron los Pándava los que ganaron la guerra.

Árjuna no pidió ayuda material sino que sólo reclamó la gracia y el apoyo del Señor, y acabó obteniendo prosperidad y gracia. En cambio, Duryódhana acabó sin nada – hasta perdió la vida. También merece ser recordada la notable oración de Kunti, la madre de los Pándava y ferviente devota de Sri Krishna, que siempre le rogaba al Señor una única cosa: "Mi Señor, ten la bondad de concederme más y más problemas porque son lo único que me hace pensar en Ti". Si nos olvidamos de Dios para dedicarnos al mundo, no vamos a obtener necesariamente lo que deseamos – obtendremos lo que nos merecemos. Sin rogarle a Dios que nos satisfaga nuestros deseos materiales, busquemos únicamente a Dios y ocupémonos únicamente de obener su gracia, porque la gracia divina nos aporta tanto prosperidad material como evolución espiritual.

Obviamente, Amma siempre nos anima a rogar por los demás así como por la paz y el bienestar de todo el mundo, lo cual no puede ser considerado una plegaria egoísta puesto que, cuando rogamos por los demás, la mente se nos expande.

Una vez se hundió un barco durante una tormenta en alta mar y los únicos dos supervivientes consiguieron llegar a nado a una pequeña isla desierta. Una vez allí, estos dos marineros en apuros acordaron que el único recurso que les quedaba era pedirle ayuda a Dios.

Para concentrarse mejor en sus plegarias, decidieron separarse y asentarse cada uno en una punta de la isla. Lo primero que le pidieron a Dios fue comida. A la mañana siguiente, de repente apareció un árbol lleno de fruta en el lado de la isla donde vivía el primer hombre, gracias a lo cual pudo darse un buen atracón de comida. En cambio, el hombre de la otra punta de la isla siguió sin tener nada que comer y pasando hambre.

Al cabo de una semana, el primer hombre decidió que se sentía solo y pidió una mujer. Al día siguiente, hubo otro naufragio del que sólo se salvó una mujer que llegó nadando a su lado de la isla.

Poco tiempo después, ese mismo hombre pidió una casa, ropa y más comida. Al día siguiente, como por arte de magia, le fueron concedidas todas estas cosas. Sin embargo, el otro hombre seguía sin nada.

Finalmente, el primer hombre pidió un barco para poder marcharse de la isla con su mujer. A la mañana siguiente, se encontró con que había atracado un barco allí al lado. El hombre se subió al barco para marcharse con su mujer y dejar al otro hombre solo en la isla.

Pero, cuando el barco estaba a punto de hacerse a la mar, resonó una voz desde el firmamento: "¿Por qué dejas solo a tu compañero?"

"Las bendiciones son sólo para mí porque para algo las he pedido yo en mis oraciones", respondió el hombre. "Como las suyas no han recibido respuesta, es evidente que no merece salvarse".

"¡Estás muy equivocado", le espetó la voz. "Él sólo pedía una cosa y esa plegaria es la que he escuchado. De hecho, de no haber sido por sus plegarias, tú no habrías recibido nada".

"¿Y qué es lo que ha estado pidiendo para que yo le tenga que estar tan agradecido?", exigió saber el hombre.

La voz le respondió: "Lo que él pedía era que todas tus plegarias fueran escuchadas".

Amma siempre concluye los programas con una oración por el bien de todo el mundo. Últimamente, además, les pide a los niños que recuerden, en particular, a la gente de todas partes del mundo que haya fallecido o que haya perdido a algún ser querido en alguna catástrofe. La oración de Amma va dirigida a todos – a las víctimas del reciente terremoto de Cachemira y Pakistán; a las de las inundaciones de Mumbai y América del Sur; a las del *tsunami* del sureste asiático; a las de los huracanes de América; a las de la estampida en Irak; así como a todas las de las guerras y actos terroristas.

"Las tragedias que estamos viviendo no han llegado a su fin", dijo Amma a finales del año 2005. "La naturaleza sigue enfadada y agitada. Lo único que puede despejar los nubarrones de rabia, odio y venganza es la fresca y suave brisa de la gracia divina. Así que vamos a rezar de todo corazón". Muchos devotos han comentado lo certeras que fueron las predicciones de Amma, en el año 2002, que anunciaban que el 2005 sería una época de tragedias para el mundo, por lo que les pidió a sus hijos de todo el planeta que acudieran al *Amritavársham50*, las celebraciones del 50 cumpleaños de Amma, el cual constituyó una plegaria colectiva por la paz y la armonía en el mundo. Amma habla con frecuencia del poder de la plegaria en grupo y, en concreto, con respecto al *Amritavársham50*, en el que se reunieron cientos de miles de personas, dijo que, aunque individualmente no seamos más que una velita, cuando nos reunimos para rogar por la paz y el bienestar de todos los seres, nuestra luz es capaz de iluminar el mundo entero. ❖

Capítulo 15

Sannyasa es una actitud mental

Sentirse satisfecho con poco es lo más sabio que hay, mientras que el que incrementa su riqueza, incrementa su desasosiego.
Pero una mente satisfecha es un tesoro oculto que las penurias no consiguen hallar.

— Akhenatón, faraón egipcio

Cuando hablamos de encontrar la dicha, la felicidad o la paz en nuestro interior, mucha gente opina que todo eso está hecho para los monjes y que, de no vivir en un monasterio o en un *áshram*, no hay esperanza alguna de alcanzar dichos estados de plenitud.

De hecho, uno de los versos del *Quinteto sobre la vida espiritual* de Shankaracharya dice:

nijagṛhāttūrṇaṁ vinirgamyatāṁ

Abandona tu hogar completamente y sin más demora.

Pero, en el mundo actual, resulta difícil seguir esta recomendación al pie de la letra. En otros tiempos, desde la infancia la gente se preparaba para ir avanzando hacia la meta final de la renuncia total, al menos al acercarse al final de su vida. Según los Vedas, la vida humana se divide en cuatro *áshramas* (etapas) y, en aquellos tiempos, todo el mundo se criaba dando por sentado que las atravesaría todas.

La primera etapa de la vida se llama *brahmacharya*, durante la cual el niño recibía su formación en un *gurukula* (internado tradicional) en donde, además de instruirles en las asignaturas académicas, el *guru* formaba a sus alumnos teniendo en mente la meta de la vida humana: tomar conciencia de que uno mismo y *Brahman*, el Absoluto, son idénticos. Asimismo, el discípulo recibía también toda la instrucción necesaria para vivir en armonía en el mundo.

Al acabar el *gurukula*, el joven podía escoger entre: dedicarse en cuerpo y alma a la vida espiritual haciéndose *sannyasi* (monje) o casarse y tomar *sannyasa* (vida monástica) más adelante – porque se consideraba que *sannyasa* era un camino apetecible para todo el mundo y sólo era cuestión de tiempo.

El que decidía casarse y tener hijos atravesaba dos etapas más antes de alcanzar la de *sannyasa*. La primera, llamada *grihastáshrama* – escoger una profesión, casarse y tener hijos – le permitía al individuo satisfacer sus deseos y, mediante la adquisición de experiencia, ir madurando la mente y purificándola cumpliendo con las obligaciones y responsabilidades establecidas en las escrituras. Al haber recibido una buena formación durante la etapa de *brahmacharya*, gracias a su discernimiento uno acababa por comprender que los deseos no tienen fin y no aportan una felicidad permanente. Finalmente, cuando los hijos ya eran mayores y se habían independizado, uno estaba preparado para pasar al siguiente *áshrama*, llamado *vanaprastha* (vida en el bosque).

En la etapa *vanaprastha*, el matrimonio se retiraba a vivir a un lugar solitario (en aquellos tiempos solía ser en un bosque) y vivían como hermanos. Al estar relativamente libres de responsabilidades y haber alcanzado cierto grado de madurez mental, podían dedicarse libremente a sus prácticas espirituales hasta adentrarse, finalmente, en el sendero de la renuncia total – *sannyasa*.

En este contexto, podemos ver que la instrucción de Shankaracharya – abandona tu hogar – en el fondo no resulta tan dramática porque se consideraba que era el curso natural de la vida del individuo. En el mundo actual, sin embargo, al no habernos preparado para dar ese paso, se puede interpretar dicha instrucción desde otro ángulo, desde una perspectiva más psicológica – aunque nos quedemos en nuestro hogar, podemos desarrollar una actitud de desapego.

Pero, aunque fuéramos capaces de llevarla a la práctica al pie de la letra, seguiríamos topándonos con los problemas de la mente y teniendo que superar los apegos mentales, las preferencias, las aversiones, los deseos y los miedos que nos quedaran.

Amma dice que el color ocre del que se visten los *sannyasis* simboliza la cremación de la identificación con el cuerpo y la mente en la hoguera del desapego. Representa una ausencia de deseo de triunfar en el mundo y que uno dedica toda su vida a la búsqueda de la identificación con Dios o con el Ser. Pero el hábito no es más que un símbolo, un recuerdo de la meta. Hay gente que es tan desapegada como un *sannyasi* sin necesidad de vestirse de ocre. Amma va siempre de blanco pero su mente está completamente desapegada. En esencia, *sannyasa* es una actitud mental. En la tradición hindú muchos sabios que, aun vivido con sus familias, internamente fueron unos auténticos *sannyasis*. Amma dice que el auténtico significado de *sannyasa* es estar desapegado interiormente.

Andaba caminando por el bosque un matrimonio que ya estaba en la etapa de *vanaprastha* y, al encontrarse varias piedras preciosas tiradas por el suelo, el marido las cubrió rápidamente de tierra con el pie, por lo que su esposa le preguntó: "¿Por qué haces eso?"

"Porque no quería que vieras esas joyas", le confesó su marido. "Me daba miedo que sintieras añoranza de los placeres del mundo al verlas".

"¿Es que, para ti, esas piedras siguen siendo distintas de las demás?", le preguntó su mujer.

Amma dice que debemos vivir en el mundo de la misma manera que la mantequilla flota en el agua – aunque esté en medio del agua, no se mezcla con ella, está desapegada. Una barca flota pero, si le entra agua, se hunde. De forma semejante, Amma dice que no hay nada malo con vivir en el mundo pero que el mundo no debe vivir en nosotros, aunque ella sabe muy bien que no es fácil cultivar esta actitud de desapego. De hecho, resalta que nos pasamos toda la vida buscando a alguien en quien apoyarnos. Cuando nacemos, lloramos y la madre nos da leche. Aunque es evidente que eso es lo que ella tiene que hacer, así es como se inicia nuestra dependencia del mundo externo a nosotros para proporcionarnos bienestar y solaz. De niños, siempre que queremos algo, se lo pedimos a nuestra madre y ella hace todo lo posible por satisfacer nuestros deseos. A medida que vamos creciendo, pasamos cada vez menos tiempo con nuestros padres pero, entonces, empezamos a buscar el bienestar y la seguridad en nuestras amistades. Finalmente, la mayoría nos enamoramos, nos casamos y tenemos hijos, y así comienza un nuevo ciclo. Me han contado el caso de una mujer que fue aun más allá en este ciclo de dependencia. Su padre falleció cuando ella era pequeña y, al cabo de los años, ya con un hijo de seis años, fue a consultar a uno que se hacía llamar "vidente", el cual le dijo que su padre había reencarnado y que, ahora, era su hijo. Al enterarse, la mujer fue corriendo a casa y le dijo al niño: "¡Papá! ¡Qué contenta estoy de que hayas vuelto!".

Hay gente que critica el desapego tachándolo de falta de amor, pero lo cierto es que la única razón por la que Amma es capaz de sentir el mismo amor hacia todos es porque no está apegada a nadie. Cuando queremos a alguien, nos apegamos a esa persona y nos volvemos incapaces de sentir ese mismo amor por otras, porque todo nuestro amor se enfoca en esa única persona o, como mucho, en unas pocas.

Amma tiene millones de devotos y, para ella, todos son hijos suyos. Cada minuto que pasa hay por lo menos un devoto de Amma que atraviesa alguna crisis o le sucede algo – alguna enfermedad, algún accidente o algún problema económico. Lo normal es que una madre se sienta fatal y no pueda pensar en otra cosa cuando algún hijo suyo tiene algún problema. Si Amma estuviera apegada a sus devotos, estaría hundida todo el tiempo pensando: "Ese hijo mío lo está pasando mal", y le sería imposible concentrarse en lo que ella tuviera que hacer o en hacer felices a los que tuviera delante en ese momento. Claro que Amma siente y expresa pena cuando sus hijos sufren pero no permite que esa emoción se apodere de ella. Así es cómo Amma está perfectamente desapegada pero, al mismo tiempo, nos ama a todos eterna e incondicionalmente.

Como máximo, puede que nuestra madre biológica dedique toda su vida a nuestro bienestar y nuestra felicidad pero, al final, fallecerá, volverá a nacer y tendrá una familia completamente distinta. Entonces, nosotros ya no seremos absolutamente nada para ella – nos habrá olvidado completamente. En cambio, Amma no nos olvidará nunca. Nos ha prometido que nos llevará a la meta y está dispuesta a nacer todas las veces que haga falta hasta conseguirlo.

Nosotros debemos intentar vivir y amar de esa manera también. Amma dice que, el amor corriente, es como un estanque lleno de bacterias y que, cuando estamos apegados a alguien, de forma natural acabarán surgiendo sentimientos como la rabia, el rencor y los celos. En cambio, dice Amma, el amor desapegado es como un río cuyas aguas nunca se estancan. A un río no lo puede parar una roca ni un tronco, porque el agua siempre acaba pasando por encima, por debajo o rodeándolo. Al tiempo que les demos nuestro cariño y nuestro afecto a nuestros hijos, nuestros padres o nuestra pareja, y hagamos por ellos todo lo que esté en nuestra mano, debemos recordar que a nuestro auténtico Ser no le afecta nada de lo que les pueda pasar a ellos.

Un día, el gran sabio Adi Shankaracharya se topó con un *chándala*[17] al que acompañaban cuatro perros, y le pidió que se apartara para poder seguir su camino.

Sin moverse un ápice, el *chándala* le preguntó al sabio: "¿Qué es lo que quieres que se aparte del camino? ¿Este cuerpo inerte o el Ser que mora en él?". Y prosiguió: "Gran asceta, tú que has proclamado que el Absoluto está en todas partes, en ti y en mí, ¿quieres mantener alejado a ese cuerpo, constituido por los cinco elementos, de este otro al que también lo constituyen esos mismos cinco elementos? ¿O es que quieres separar la Conciencia pura que está presente en éste de la misma Conciencia que está en ése?".

Percatándose inmediatamente de su error, Shankaracharya se inclinó completamente ante el *chándala* y, en aquel mismo lugar, compuso un quinteto en el que afirmaba que quienquiera que demostrara poseer esa visión uniforme era un *guru* para él, aunque fuera un *chándala*. Al acabar de escribir esos cinco versos, el *chándala* se esfumó y, en su lugar, apareció el Dios Shiva[18].

En la *Bhágavad Guita*, Sri Krishna da la siguiente explicación:

vāsāṁsi jīrṇāni yathā vihāya
navāni gṛhṇāti naro'parāṇi

---

[17] Persona de casta baja, en otras épocas considerada "intocable", que se ocupa de los cadáveres en los campos crematorios.
[18] Aunque aquí hemos utilizado esta versión, según algunos fue uno de los discípulos de Shankaracharya el que le pidió al *chándala* que se apartara.

tathā śarīrāṇi vihāya jīrṇānyanyāni
saṁyāti navāni dehī

Igual que uno se despoja de viejas prendas y se pone otras nuevas, las almas encarnadas se deshacen de los cuerpo viejos y se introducen en otros nuevos.

2.22

El *Atman* es lo que le da vida al cuerpo. Todos decimos cosas como: "mi querida hija" o "cariño mío" pero, si se nos muere esa persona querida, ¿ a ese cuerpo le seguimos llamando "cariño mío"? En realidad, a lo que amamos es al *Atman*, no al cuerpo ya que, de lo contrario, cuando el alma abandonara el cuerpo, seguiríamos queriendo a ese cuerpo, pero no es así – lo quemamos o lo enterramos lo antes posible. Un verso de un *bhajan* que Amma canta con frecuencia (*Mánase nin svantamayí*) dice:

ētu prāṇa prēyasikkuveṇḍi yitratayellāṁ niṅgaḷ
pāṭupeṭunnuṇḍo jīvanveṭinnupōlum
ā peṇmaṇipōluṁ tavamṛtadēhaṁ kāṇum nēraṁ
pēṭiccu pinmāṛuṁ kūṭe varukayilla

¿Por qué amante llevas tanto tiempo sacrificándote y hasta olvidándote de tu propia vida? Incluso ella sentirá miedo ante tu cadáver y ni siquiera te acompañará después de la muerte.

Una tercera interpretación que se le puede dar a la frase de Shankaracharya de "abandona tu hogar" es que el término "hogar" significa el cuerpo y que debemos desapegarnos, gradualmente, del cuerpo y de sus necesidades, lo cual, aunque pueda parecernos imposible, los *mahatmas* como Amma han demostrado claramente que el ser humano es perfectamente capaz de conseguirlo. No sería la primera vez que Amma se pasa veinte horas dando *darshan* sin parar ni tan siquiera para estirar las piernas. De joven, cuando sus padres la echaron de casa, pasó varios años viviendo a la intemperie, tanto si llovía a cántaros como si hacía un sol abrasador. En una ocasión, se pasó seis meses alimentándose únicamente de agua y hojas de *túlasi*. Ni siquiera cuando ya vivían en el *áshram* los primeros *brahmacharis* le preocupaba dónde poder echarse a dormir. A veces dormía debajo de un cocotero, otras detrás del establo de las vacas que se había convertido en el primer templo del *áshram*, y aun otras en la arena, a orillas de los *backwaters*. Para ella eso no representaba ningún problema. Meditaba o cantaba *bhajans* hasta bien entrada la noche, después de lo cual, se tumbaba allí mismo, estuviera donde estuviera.

Ni siquiera actualmente Amma le presta especial atención a sus necesidades físicas porque ella no se considera reducida a un cuerpo, sino que ve el Ser en todas partes. De la misma forma que el cielo no se siente limitado por el hecho de que nosotros lo veamos dentro del marco de una ventana, Amma no se siente limitada por su cuerpo.

Hoy en día se le da demasiada importancia al cuerpo y le queremos evitar cualquier dificultad. Por ejemplo, cuando nos empiezan a doler un poquito las rodillas cuando estamos meditando, no pensamos en esforzarnos un poco para seguir sentados – lo que queremos es levantarnos y marcharnos. Amma dice que, en vez de adorar al *Atman*, adoramos al cuerpo, hasta tal punto que, incluso cuando vamos al templo para asistir a una ceremonia religiosa, nos maquillamos y nos ponemos guapos. En otro *bhajan* (*Uyirayi oliyayi*), Amma escribió:

rudhirāsthi māmsattāl paritāpa durggandha puriye
samrakṣikkunnu
purivātil puṛamellām paripāvanamākkunnu
purināthane aṛiyunnila

Al proteger esta ciudad lamentable (el cuerpo)
que apesta a sangre, carne y huesos...
sólo limpiamos la superficie del cuerpo,
desconocedores de su Señor.

No es que Amma quiera decir con esto que debamos desatender el cuerpo. El cuerpo es el vehículo del que disponemos para avanzar por el sendero hacia la identificación con Dios y, como tal, debemos darle un mantenimiento adecuado aunque recordando que es el medio y no el fin.

Hace muchos años, iba yo conduciendo el coche de Amma durante una de sus giras por el sur de la India y, como los demás vehículos del *áshram* iban muy retrasados, Amma me pidió que nos paráramos a esperarlos. Eran sobre las cuatro de la tarde de un día muy caluroso y, al parar el coche, todos empezamos a sudar. Al ver que a ella también le empezaba a sudar la frente, le pregunté si podía encender el aire acondicionado, y ella respondió: "No, sería una flaqueza. No te vas a morir porque sudes. Cuando se es incapaz de superar estas pequeñas incomodidades, ¿cómo puede uno creerse que será capaz de afrontar situaciones más graves?"

Aunque nos sintamos incapaces de superar nuestra conciencia del cuerpo, debemos ir acostumbrándonos a superar, al menos, los pares de opuestos más básicos, como son: el frío y el calor, la comodidad y la incomodidad, etcétera. Eso no quiere decir que no nos podamos abrigar bien cuando haga mucho frío – cada cual tiene que descubrir sus límites y, dentro de ellos, esforzarse por superar los pares de opuestos. Dicho esto, no debemos depender demasiado de las situaciones externas. En verano nos quejamos del calor que hace; en invierno, de que hace mucho frío y, durante el monzón, de que llueve demasiado. Si nunca dejamos de quejarnos de esa manera, ¿cómo vamos a poder sentir paz en nuestro interior? Intentemos prepararnos para soportar, al menos, las pequeñas incomodidades.

Mucha gente piensa que, cuando uno se hace renunciante, ya no tiene responsabilidades. Justo antes del inicio de la guerra del *Mahabhárata*, Árjuna le pidió a Sri Krishna, el cual actuaba de auriga, que condujera el carro hasta el centro del campo de batalla. Desde ese punto, Árjuna se puso a contemplar todo el bando enemigo y vio, ya en formación para luchar contra él, a muchos parientes cercanos suyos, incluido su propio maestro de arquería. Árjuna pensó: "¿Cómo voy a matar a toda esta gente? Lo mejor es que me haga *sannyasi*". Los consejos que Sri Krishna le da en ese momento es lo que da forma a la *Bhágavad Guita*. Después de recibir el asesoramiento divino de Sri Krishna, Árjuna se sintió capacitado para cumplir con su obligación – ir a la guerra contra los perversos Káurava – con una actitud de desapego.

Una vez, un hombre que tenía tres hijos invitó a su casa a un *sannyasi* y, después de darle limosna, le empezó a hablar de ellos:

"Mi hijo mayor es un hombre de negocios muy astuto", le dijo vanagloriándose. "Gracias a él, la empresa ha crecido tanto que han tenido que contratar al doble de personal. El segundo, que está en otra compañía, ha trabajado tanto que han triplicado sus beneficios".

"¿Y el tercero?", indagó cortésmente el *sannyasi*. La respuesta del padre desveló el verdadero motivo de esa invitación:

"Es un tonto y un inútil", le confesó el hombre con gran tristeza. "Ha fracasado en todo lo que ha empezado. De hecho, quería preguntarle a usted si no le importaría llevárselo de discípulo".

Igual que estuvo tentado de hacer Árjuna, mucha gente busca refugiarse en hacerse renunciante porque se sienten desesperados y como evasión de los problemas de la vida. Pero también están los que piensan que sólo deben hacerse renunciantes los fracasados. Ambos puntos de vista son erróneos. La renuncia no está hecha para vagos ni para los que quieren evitar las responsabilidades sino para los que tienen auténticas ansias de alcanzar la Verdad y que se han dado cuenta que, para eso, no les sirven ni las comodidades, ni el éxito ni las relaciones.

Para ilustrar el verdadero significado y poder de *sannyasa*, Amma cuenta la siguiente historia. Una vez, un buscador espiritual se acercó a un *mahatma* errante y le preguntó qué significado tenía ser *sannyasi*. El *mahatma* no dijo nada pero, inmediatamente, tiró al suelo su atillo y siguió caminando. Al no bastarle esa respuesta, el buscador salió corriendo detrás del *mahatma* exclamando: "¡Espere! ¡Que no ha contestado a mi pregunta!".

Como única respuesta, el *mahatma* dio media vuelta, volvió hacia donde estaba el atillo, se lo volvió a colgar del hombro y, sin decir ni una palabra, siguió caminando. Insistente, el buscador lo siguió y le rogó que le explicara el significado de todo eso que estaba haciendo. Finalmente, el *mahatma* se paró y le dijo: "Dejar caer el atillo simbolizaba deshacerse del apego a todos los objetos y a la gente. Cuando lo volví a coger, significaba cargar con el peso del mundo. El único que puede servir realmente al mundo es aquel que está libre de apegos".

Desapegarse de las cosas no tiene por qué implicar apartarse completamente del mundo y de sus asuntos. Amma pone el ejemplo del director de un banco o del que trabaja en la caja. En un solo día, por sus manos pasa más dinero que todo el que pueda ganar en toda su vida, pero no por ello se siente apegado a todo ese dinero puesto que no le pertenece. De esa misma forma, un cirujano opera a cientos de pacientes al año y se esmera igual con cada uno para salvarles la vida o mejorarles la salud; y también da consuelo y consejo a los familiares, pero sin sentirse apegado a ninguno de ellos porque, de lo contrario, su vida sería un infierno, destrozado por la culpabilidad y la ansiedad que sentiría. Al relacionarnos con nuestros seres queridos, debemos intentar mantener una actitud de desapego semajante. Igual que el director del banco y el cirujano, debemos hacer todo lo posible por ayudarlos y hacerles felices pero sin apegarnos demasiado a ellos ni depender demasiado de ellos. Así es como podremos desarrollar esa actitud mental del *sannyasi* aunque vivamos en el mundo – cumpliendo con nuestras obligaciones y dedicándonos a nuestros seres queridos pero sin tener que sacrificar, por ello, nuestra paz interior. ❖

Capítulo 16

"¡No paréis hasta alcanzar la meta!"

*Ni tampoco el escarnio ejercerá poder alguno sobre
los que presten oído a la humanidad
o sobre los que sigan las huellas de la divinidad,
porque ellos vivirán eternamente.*

– Kahlil Gibrán

Según cuenta la historia, una noche, en la casa flotante en la que vivía, el poeta Rabindranath Tagore estaba leyendo a la luz de una vela que no habría hecho falta prender porque la luna llena iluminaba el cielo y las aguas que lo rodeaban. Sin embargo, el poeta, de tan enfrascado que estaba en su lectura, no se había percatado de lo que había a su alrededor. Reinaba una profunda quietud en la noche, apenas rota por el batir de las alas de algún ave esporádica que pasaba volando sobre su casa flotante o por el chapoteo de algún pez al saltar sobre la superficie del lago.

Finalmente, extenuado, apagó la vela de un soplido y, en ese momento, de repente se sintió sorprendido por la belleza de la naturaleza que tenía a su alrededor. Ese pálido y amarillento resplandor de la vela le había ocultado los brillantes rayos plateados de la luna. Saltó otro pez y miró rápidamente para ver cómo salpicaba el agua al volver a zambullirse. Unas pocas nubes blancas se deslizaban por el cielo, reflejándose en las quietas aguas plateadas del lago.

"¡Qué tonto he sido!", murmuró Tagore para sí. "Tanto buscar la belleza en los libros cuando ella misma me llama a la puerta para que la deje entrar. Buscando la belleza a la luz de una vela, le impido entrar a la luz de la luna".

Tagore se dio cuenta de que así es también cómo el tenue titilar de la luz de nuestro ego impide que nos zambullamos en la resplandeciente luz de Dios. Lo único que hay que hacer es apagar la vela del ego de un soplido, salir del camarote de nuestros deseos egoístas y contemplar la belleza de Dios en toda su gloria.

Hace unos veinte años, se presentó en el *áshram* un occidental mientras estábamos comiendo todos juntos en el pequeño comedor que teníamos. Al acabar, recogí el plato de Amma y fui a fregarlo a la cocina. En la India, normalmente, después de comer, se friegan los platos fuera de la cocina porque se considera que, al haber comido en ellos, están impuros hasta que se friegan, y la cocina, que es donde se prepara la comida, debe mantenerse pura. Pero este occidental, al ver que yo estaba fregando el plato de Amma, entró para fregar el suyo también pero le expliqué amablemente que los platos se deben lavar fuera de la cocina y que yo sólo estaba fregando el plato de Amma. Pero él dijo que prefería fregar el suyo también en la cocina. Entonces, le pedí una vez más que saliera, después de explicarle que Amma era nuestro *guru* y no una persona cualquiera – que ella estaba siempre en un estado de permanente conciencia del Absoluto – y que por eso yo podía fregar su plato en la cocina. Entonces, me espetó: "Yo también soy el Absoluto. ¿Qué diferencia hay entre ella y yo? ¡Mi plato lo voy a fregar aquí!". Esa fuerte reacción suya indicaba claramente su inmadurez y su nivel de egoísmo. Aunque hubiera afirmado: "Yo soy *Brahman*", era evidente que estaba identificado con su cuerpo, su mente y su intelecto.

Amma dice: "La sutileza de la Verdad no se puede comprender ni asimilar sin la ayuda de las prácticas espirituales". Si nos dedicamos a repetir "Soy *Brahman*" sin hacer lo necesario para asimilar dicha verdad, seremos exactamente como el hombre que se vanagloriaba de poder ver en la oscuridad más absoluta.

"Si eso es cierto", le preguntó uno, "¿por qué te vemos a veces con una linterna por la calle?"

"Para que los demás no choquen conmigo", le explicó el hombre.

Amma cuenta la historia de un *pándit* que repetía constantemente "Soy *Brahman*, soy *Brahman*", hasta que alguien se atrevió a pincharle por detrás con una aguja. Enfurecido, el *pándit* empezó a pegar y a insultar al "culpable".

Como contrapunto, existe la famosa historia de Sadáshiva Brahmendra, un *mahatma* que compuso una hermosa canción titulada "*Sarvam Brahmamayam*", es decir, "Todo es *Brahman*". Este eminente sabio de Tamil Nadu, que siempre deambulada desnudo por las calles con la mente completamente sumida en la dicha del Ser, se metió un día en el palacio real cuando el monarca estaba dando audiencia a los nobles de su corte. El rey, tomando al *mahatma* por un vagabundo, consideró que su desnudez era un insulto a la corona y le ordenó que se tapara, pero el *mahatma* ni se inmutó ni hizo el más mínimo intento por cubrir su cuerpo desnudo – no se percataba de nada de lo que sucedía a su alrededor.

Como Sadáshiva Brahmendra no reaccionaba a sus órdenes, el rey se interpuso en su camino, sacó su espada y le cortó el brazo, convencido de que nunca se olvidaría de esa lección. En cambio, el *mahatma*, percatándose levemente de que ya no podía seguir caminando en esa dirección, se dio media vuelta tranquilamente y se fue caminando en sentido contrario.

Cuando el rey vio lo que hacía el supuesto vagabundo en respuesta a su violento ataque, comprendió que acababa de herir a un *mahatma* y, horripilado por su error, pensó: "Mi obligación, como monarca, es de proteger a todos mis sujetos, pero acabo de atentar contra uno de los más preciados de todos". Dispuesto a quitarse la vida como penitencia, el rey salió corriendo tras del *mahatma*, sujetando el brazo en una mano y la espada con la otra y, al alcanzarlo, se inclinó ante él y se le agarró a los pies llorando amargamente.

El intenso arrepentimiento del monarca consiguió captar la atención de Sadáshiva Brahmendra, cosa que no había conseguido al atacarlo con la espada.

"¿Qué es lo que te preocupa?", le preguntó al rey.

El monarca le mostró el brazo que le había cortado y, al ofrecérselo, le dijo: "¡Santísimo Señor, perdona a este estúpido ignorante que te ha causado tanto daño!"

"Nadie ha hecho ningún daño ni nadie ha sido herido", le contestó el *mahatma*, dicho lo cual, aceptó el brazo cortado que le ofrecía el rey, se lo reenganchó al cuerpo, hizo un movimiento con la otra mano por encima de la herida y el cuerpo quedó instantáneamente en perfecto estado. Esto no es un cuento de hadas – es algo que sucedió hace poco más de doscientos años, sobre la época de la revolución americana, y los testimonios de muchos de los presentes están registrados en los libros de historia de Tamil Nadu. Al final, aquel encuentro resultó marcar un antes y un después en la vida de ambos hombres – el monarca abdicó y se hizo renunciante, y el *mahatma* dejó de errar por las calles para evitar que la gente cometiera sin querer algún *papa* (demérito o pecado) si se metían con él. Está claro que cuando el sabio dijo: "Todo es *Brahman*", no eran meras palabras sino su vivencia incontrovertible.

De forma semejante, cuando Amma dice: "Soy amor. Una ininterrumpida corriente de amor fluye desde mí hacia todos los seres", no se trata de meras palabras sino que lo podemos ver reflejado en todos sus actos. Durante el *darshan*, su cuerpo soporta todo tipo de tensiones físicas. La gente la estruja, se apoyan sobre ella, le clavan las rodillas en los pies, pero Amma nunca se enfada con ellos. Ni siquiera expresa el dolor o la molestia que le puedan causasr para que no se sientan culpables o heridos. Amma da *darshan* a miles de personas cada día, y cada una de ellas, desde la primera hasta la última, recibe ese mismo amor. Amma dice que todo lo que hace – cada pensamiento, cada palabra y cada acción – brota del desbordante amor que siente por todos nosotros. Amma irradia amabilidad y cariño hasta con las personas que le han deseado la muerte, lo cual demuestra que su vivencia es realmente lo que dice: "Soy amor".

Una vez, le preguntó un hombre: "Amma, ¿qué tengo que hacer con el *mantra* que me has dado?"

"Repítelo regularmente con devoción y sinceridad", le contestó ella.

"¿Y luego?", le preguntó el hombre.

"Desarrollarás cierta capacidad de concentración", le dijo Amma.

"¿Y que pasará después?", insistió el hombre.

"Que podrás aislar la mente de lo que te rodea y podrás meditar mucho tiempo", le respondió con toda paciencia.

"¿Y después?"

"Que puedes experimentar *samadhi*"[19].

"Y, entonces, ¿qué pasará?"

"Primero llega a ese nivel", le dijo Amma, "y luego puedes volver y preguntar por los siguientes pasos".

Ese hombre sólo sentía una curiosidad intelectual por la vida espiritual pero apenas si tenía intención de practicar nada.

Amma dice que uno de los rasgos más importantes del buscador espiritual es su ardiente deseo de tomar conciencia de la Verdad. Si a un hombre se le prende fuego la ropa, no perderá

---

[19] *Samadhi* es un estado trascendental en el que desaparece completamente el sentido de identidad individual.

el tiempo preguntándole al primero que vea por la calle: "¿Qué hago ahora?", sino que se tirará al primer charco de agua que encuentre, esté el agua limpia o sucia, porque eso le da igual. Ese apremio es lo que debemos sentir, ese deseo ardiente de conocer a Dios, porque no avanzaremos si nos quedamos a medias tintas. Anhelar la liberación es como nadar contra corriente – todos los demás deseos nos empujan constantemente en el sentido que corre el agua. La mente no nos permite estar quietos nunca y, cuando intentamos quedarnos sentados en silencio, sin movernos, la mente se rebela y protesta: "¿Por qué me tengo que quedar aquí sentada cuando hay tantas cosas interesantes que hacer y disfrutar? ¡No seas tonto! ¡Levántate!". La mente no soporta que la restrinjan. Cuando intentamos controlarla, se resiste y se rebela.

Cuando un caballo lleva anteojeras, sólo puede mirar hacia delante. De forma semejante, si somos buscadores espirituales, no debemos dejarnos distraer por el entorno sino que debemos mantener la mente siempre enfocada en la meta. La única forma de ser consecuentes con nuestra búsqueda y de que todo lo que hagamos sea una *sádhana* es potenciar el *lakshya bodha* (intención de alcanzar la meta).

No podemos ponernos como excusa que es algo imposible porque, si nos fijamos bien, observaremos que ya estamos utilizando la capacidad de permanecer conscientes y concentrados en algo determinado. Por ejemplo, una devota que suele venir a los programas que doy en cierta ciudad de la India siempre se reía histéricamente al más mínimo chiste hasta que, un día que yo estaba dando una charla allí, me di cuenta de que no se había reído ni una sola vez a pesar de que había contado varios chistes aquella tarde. La misma situación se repitió en los días siguientes – fuera cual fuera el tema de la charla, se mantenía muy seria. Como este cambio me picó la curiosidad, cuando pasé a su lado el último día, me paré y le pregunté qué le había pasado. Me contestó que se acababa de poner la dentadura postiza y que le daba miedo que se le saliera si se echaba a reír. Me explicó que, aunque le hacían mucha gracia mis chistes, se había controlado porque le daba mucha vergüenza montar una escena con la dentadura si se reía. De la misma forma que, como su meta era evitar que se le cayera la dentadura postiza, la mujer fue capaz de aguantarse las ganas de reír, Amma dice que, si mantenemos nuestra atención puesta en la meta espiritual de la vida, con un sincero deseo de alcanzarla, seremos capaces de aplicar mucha autodisciplina.

Con respecto a la importancia de llevar una rutina de prácticas espirituales, Amma dice: "Es como el despertador que suena por la mañana. Había un hombre que se despertaba a las ocho de la mañana todos los días. Un día tenía que ir a una entrevista a las diez de la mañana pero, para llegar a ese sitio, tenía que despertarse a las cuatro, así que se puso el despertador a esa hora. El despertador nos ayuda a ser más conscientes. Por esa misma razón, necesitamos estas reglas básicas igual que los niños de primaria necesitan un horario de clases. Poco a poco iremos consiguiendo controlar la mente".

Amma pone el siguiente ejemplo: coge un trozo de madera e intenta hundirlo en el agua y, cada vez que vuelva a flotar, vuélvelo a empujar hacia abajo. En cuanto lo soltamos, el trozo de madera sube de nuevo a la superficie y, aunque él no se vaya a quedar nunca bajo el agua, de repetir tanto ese movimiento desarrollaremos nuestros músculos. De forma semejante, aunque no seamos capaces de concentrarnos bien las primeras veces que nos pongamos a hacer nuestra práctica espiritual, el hecho de seguir un horario nos ayudará a que la mente se discipline y a seguir avanzando.

Hay veces que nos entra la sensación de que no progresamos nada y dejamos de hacer *sádhana*: "Si no consigo concentrarme cuando repito el *mantra*, ¿para qué voy a seguir?". O puede que tengamos ganas de tener experiencias en la meditación pero, como no sucede nada espectacular, nos desanimamos. Esa actitud no es correcta – debemos perseverar en nuestro esfuerzo. Amma pone el ejemplo de nadar contra una corriente fuerte – puede que no avancemos muy deprisa o que no avancemos nada pero, si dejamos de esforzarnos, nos veremos arrastrados a toda velocidad. Por eso, como mínimo, la *sádhana* evita que nos hundamos en nuestras tendencias negativas y en nuestros deseos egoístas.

Un devoto de Amma que llevaba muchos años viviendo en el *áshram* se dio cuenta de que seguía siendo incapaz de controlar su mal carácter, y le pidió permiso a Amma para hacer un voto de silencio durante un año y dedicar la mayor parte del tiempo a la meditación. Amma accedió y, durante casi todo el año, aunque perdía los estribos de vez en cuando, como no quería romper el voto de silencio, no pudo regañar ni gritarle a nadie. Sin embargo, al terminar el año y empezar a hablar otra vez, enseguida resultó evidente que no se había producido ningún cambio radical de su carácter. Un día, un residente del *áshram* se fue a quejar a un *brahmachari* de que este hombre le había echado una bronca: "Si, durante todo un año, lo único que ha tenido que hacer ha sido trabajarse la paciencia y la amabilidad, y hasta en eso ha fallado, ¿qué sentido tiene hacer tanto *tapas* (austeridades)?".

Sin embargo, el *brahmachari* decidió mirar al lado positivo: "¡Al menos, todo ese año, no ha molestado a nadie!"

Amma dice que la vida en el camino espiritual es comparable a hacer un vuelo de larga distancia. Cuando estamos en el avión, no tenemos la sensación de movernos a gran velocidad pero, al cabo de unas horas, aterrizamos en otro país que está a miles de kilómetros. No debemos preocuparnos de que no consigamos concentrarnos – al menos alcanzaremos *ásana siddhi*[20]. Pero si no

---

[20] Literalmente, "perfección en la postura sentada". *Ásana siddhi* constituye el tercero de los ocho pasos hacia la liberación que se analizan en los *yoga*

conseguimos ponernos a meditar o a repetir el *mantra*, al menos podemos leer libros de temática espiritual. Lo que más importa es seguir una disciplina, dedicarle el mismo tiempo todos los días. La *sádhana* se debe hacer con constancia y regularidad – no basta con practicar de vez en cuando.

Dudar de que sea posible establecerse en el Ser es el mayor obstáculo que puede tener un buscador en su vida espiritual. La noche antes de alcanzar la liberación, el Buda se sentó bajo el árbol *bodhi* y tomó una resolución: "Aunque este cuerpo se seque y se descomponga, no me moveré de aquí hasta alcanzar la sabiduría final". Swami Vivekananda exhortaba a sus seguidores diciéndoles: "¡Levantaos! ¡Despertad! ¡No paréis hasta alcanzar la meta!". De forma semejante, Amma nos anima a esforzarnos con tenacidad y a nunca perder la esperanza, nos encontremos los obstáculos que nos encontremos. "Puede que nos caigamos muchas veces al avanzar por el camino espiritual pero, si nos caemos, lo que importa es que no nos quedemos ahí, tirados en el suelo, disfrutando de la situación. Debemos levantarnos y esforzarnos por seguir hacia delante. Los esfuerzos que uno haga en el camino espiritual nunca caen en saco roto. Puede que necesitemos toda una vida para hacernos conscientes de nuestra unidad con Dios – puede que necesitemos *varias* vidas. Pero tenemos que seguir intentándolo. No hay otra manera. Más tarde o más temprano, todo el mundo tendrá que emprender el camino espiritual. Cuando te encuentres con algún obstáculo, debes superarlo".

Del cielo cae la lluvia y la nieve, éstas se convierten en ríos que bajan por las montañas y arrastran muchos objetos que se encuentran por el camino hasta que, finalmente, se funden con el mar. Cuando un río se topa con un obstáculo, como por ejemplo

---

sutras de Patánjali. Los dos primeros se conocen bajo el nombre de *yama* y *niyama*, o normas de la vida espiritual.

una roca enorme, puede que el agua la pase por encima o que desvíe un poco su curso, pero siempre sigue fluyendo hacia el mar. La vida no fluye al azar – igual que los ríos, tiene una fuente y una meta. La fuente de toda vida es la Conciencia pura. La meta de nuestro periplo por la vida es tomar conciencia de nuestra unidad con ese Ser supremo. El río arrastra muchos objetos extraños como desperdicios, ramas de árbol y tierra, pero no forman parte de la naturaleza esencial del río. Sólo sirven para ralentizar su avance. De forma semejante, en nuestro periplo por la vida vamos acumulando hábitos, resentimientos, recuerdos y deseos, pero ninguno de ellos forma parte de nuestra naturaleza esencial y, si queremos alcanzar la meta, tendremos que desprendernos de todos ellos. ❖

CAPÍTULO 17

Esperanza para el mundo

"El mundo debe saber que es posible dedicar la vida al amor y a servir a la humanidad de forma desinteresada".

– Amma

Una mañana, un náufrago que llevaba varios años solo en una isla desierta se volvió loco de alegría al ver que había un barco cerca de la costa y que se estaba acercando un pequeño bote salvavidas. Al llegar a la playa, el oficial se acercó al náufrago, le entregó un montón de periódicos y le dijo: "El capitán dice que se los lea todos para enterarse de las últimas noticias y que, después, nos diga si aún le apetece que le rescatemos".

En estos dos últimos años, en parte como respuesta al dictado de los tiempos que corren, Amma se ha volcado más que nunca en aportar ayuda humanitaria para aliviar el sufrimiento de las víctimas de desastres naturales en distintas partes de mundo. En reconocimiento a toda esta labor inmensamente eficaz y de gran alcance que se desarrolla en distintos campos del servicio social, en el verano de 2005 la ONU le otorgó al *áshram* de Amma el estatus especial de órgano consultivo.

Foto en la página siguiente: En el hospital AIMS de Amma, se les practicó la recanalización de las trompas a siete mujeres que habían perdido a todos sus hijos a causa el tsunami. En la foto, Amma sostiene en sus brazos a un bebé nacido gracias a dicho tratamiento quirúrgico.

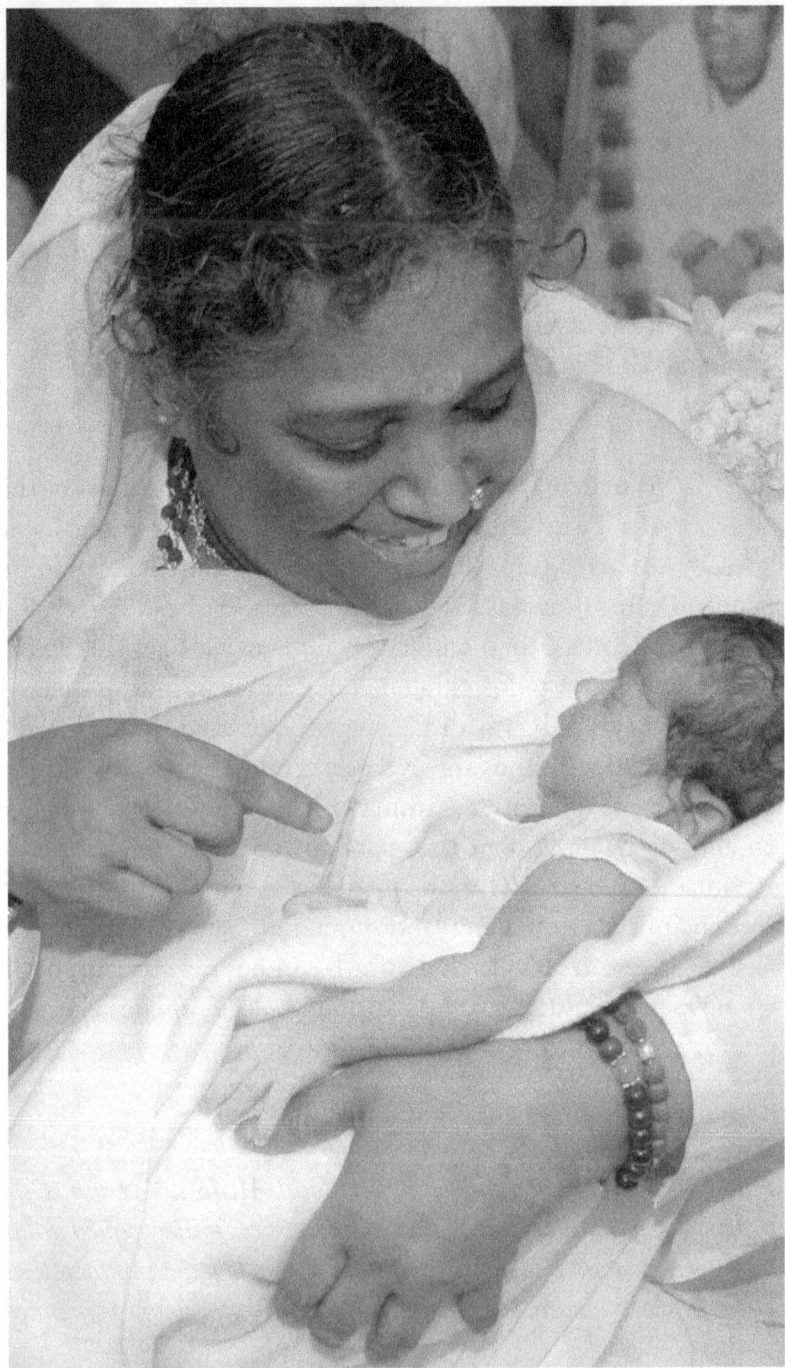

Aquel día de 2004 en que un *tsunami* devastó muchas zonas del sureste asiático, antes del atardecer Amma ya estaba aportando alimentos, alojamiento y atención médica a miles de afectados. Es probable que muchos lectores ya sepan que, poco después de la catástrofe, Amma se comprometió a realizar labores de ayuda humanitaria para las víctimas por valor de 23.000.000$, gran parte de los cuales fueron destinados a la construcción de 6.200 casas para desplazados tanto en las dos costas del sur de la India como en Sri Lanka y en las islas Andamán. Sin embargo, cuando el gobierno dio a conocer los requisitos para la construcción de dichos hogares, lo cual no se produjo hasta después de que Amma hiciera público su proyecto, se hizo patente que el coste total ascendería a más del doble de la estimación inicial. Aunque ni el gobierno ni ninguna otra organización religiosa o no gubernamental aportaron apoyo económico alguno, Amma no quiso echarse atrás en su compromiso y se encargó personalmente de empezar desde cero y encontrar maneras de reducir gastos sin que, por ello, la integridad de las casas se viera afectada.

Con ese fin, durante toda la gira del verano de 2005, antes y después del *darshan*, Amma llamaba constantemente a la India para dar instrucciones sobre formas de reducir gastos en las materias primas y de solucionar los problemas en las obras con los que se encontraban sus discípulos. En algunas ocasiones hasta hizo llamadas en medio del *darshan* – mientras tenía en el hombro la cabeza de alguna persona, hablaba por el "manos libres" con los encargados de las obras y les explicaba cosas como dónde comprar la arena, el cemento y la grava, y cómo conseguir el agua que necesitaban. Algunas zonas eran de tan difícil acceso que, para poder distribuir el material necesario, las *brahmachárinis* y los *brahmacharis* tuvieron que reparar primero las carreteras para que pudieran acceder los camiones con todo el material. En el momento en que se está escribiendo este libro, ya se han terminado y entregado a los beneficiarios 4.000 de las 6.200 casas prometidas, mientras que la construcción del resto está muy avanzada. Algunos periodistas han preguntado: "¿Es que Amma es millonaria? ¿De dónde saca el dinero para todo esto?" La respuesta es que, desde el punto de vista material, Amma no es rica pero, en términos de amor, compasión y conocimiento, posee una fortuna infinita y, además, dice que todo lo que ella ha conseguido ha sido gracias al duro trabajo de sus hijos. Amma nunca pide donaciones – todos sus programas son gratuitos y no se cobra nada por el *darshan* – y, según ella misma dice, cuando le viene alguna inspiración para comenzar algún proyecto determinado, nunca se plantea si puede ser económicamente viable o no, sino que, cuando siente que se necesita ayuda en algún sitio, se compromete a proporcionarla y, por la gracia divina, siempre se materializan los recursos necesarios.

Parte de los fondos que se invirtieron en el *tsunami* del *áshram* y otros programas de ayuda a víctimas de desastres naturales, habían sido destinados originalmente a otros proyectos que Amma planeaba iniciar en breve. Pero como ella dice que lo único que está en nuestras manos es el presente y no el futuro, consideró que su obligación era dedicarse exclusivamente a ayudar a los afectados por el maremoto al ser eso más urgente que los otros proyectos, los cuales se reanudarán una vez dichos afectados hayan visto cubiertas todas sus necesidades.

Según cuenta una antigua historia japonesa sobre un practicante zen llamado Tetsuguen, como en su época sólo se podían leer los *sutras* (aforismos) budistas en chino, decidió publicarlos en japonés, manufacturando 1.681 ejemplares del libro en tablas de madera, cada uno de los cuales constaba de 7.334 volúmenes – una empresa monumental.

Para poder financiarlo, Tetsuguen empezó a viajar para recolectar donaciones y, aunque unos pocos simpatizantes le dieron grandes sumas de dinero, la mayoría de las veces no conseguía más que calderilla. Sin embargo, él expresaba la misma gratitud ante cualquier donativo. Al cabo de diez años, Tetsuguen por fin consiguió reunir suficientes fondos para iniciar su tarea.

Sin embargo, dio la coincidencia de que, en aquel momento, se produjeron unas graves inundaciones que se tradujeron en una hambruna con gran cantidad de afectados. Sin vacilar ni un momento, Tetsuguen cogió todo el dinero recaudado para los libros y lo utilizó para evitar que la gente muriera de hambre, después de lo cual reanudó su tarea de recaudar fondos – desde cero.

Unos años más tarde, una epidemia arrasó el país entero y, de nuevo, Tetsuguen invirtió todos los fondos que había recaudado hasta entonces en medicamentos para los enfermos.

Por tercera vez, se puso a recaudar fondos y, veinte años más tarde, en 1681, su deseo por fin se pudo materializar. Hoy en día, en el monasterio Obaku de Kyoto, se pueden admirar las tablillas de madera con las que se realizó la primera edición de los *sutras* en japonés.

Se dice que los budistas de dicho país les cuentan a sus hijos que Tetsuguen reunió tres conjuntos de *sutras*, los dos primeros de los cuales, aunque invisibles para el ser humano, superan al que está expuesto en dicho monasterio.

A finales de la década de los ochenta, el *áshram* de Amma experimentó un incremento tanto de residentes como de visitantes que venían a diario a recibir *darshan*, por lo cual se decidió iniciar la construcción de una sala más grande. Como, en aquellos tiempos, el *áshram* aún era muy pobre, los devotos aportaron lo que pudieron para cubrir los costes de los materiales de construcción. Sin embargo, en aquella misma época, vino a visitar a Amma el equipo directivo de un orfanato de la zona que, dada su precaria situación económica, era incapaz de ofrecer a sus niños la atención y cuidados necesarios.

Al enterarse de la grave situación que atravesaban dichos niños, Amma decidió desviar los fondos que se habían reunido para la construcción de la nueva sala de *darshan* hacia la adquisición del orfanato. Cuando sus *brahmacharis* se presentaron allí en mayo de 1989, los edificios estaban en ruinas y los niños vivían en condiciones infrahumanas. Los alimentos que se les daban no reunían ni las vitaminas y minerales esenciales, y no tenían leche para beber. El comedor era una habitación pequeña y oscura con suelo de tierra que siempre se inundaba durante el monzón, por lo que los niños tenían que comer de pie. En varios edificios había goteras y, en muchos, era imposible reparar el suelo debido al grave deterioro causado por años de inundaciones. No disponían de instalaciones sanitarias y muchos niños tenían problemas de salud sin recibir tratamiento alguno. Todas las letrinas estaban estropeadas.

Hoy en día, el orfanato está completamente reconstruido y todas las necesidades, intereses y aspiraciones de los niños reciben la atención que se merecen. Asimismo, se les ha construido una excelente escuela gracias a la cual, además de estudiar su lengua natal, el *málialam*, los niños hablan con fluidez sánscrito e inglés, y bastantes de ellos deciden proseguir con los estudios superiores.

Yo me preguntaba qué sentiría al visitarlo en la actualidad algún antiguo interno que hubiera vivido allí antes de que Amma se hiciera cargo del orfanato. Entonces, durante la gira europea de 2005, vino a ver a Amma un joven *maliali* de 29 años que llevaba viviendo en Holanda desde 1985.

Cuando tenía nueve años, un matrimonio holandés los adoptó a él y a su hermana por lo que, del orfanato de Paripally, fueron a vivir a Holanda en 1985, cuatro años antes de que el *áshram* de Amma se hiciera cargo de dicha institución.

Cuando el joven decidió ir al *darshan* de Amma, no tenía ni idea de que ella era la que llevaba actualmente el orfanato en el que se había criado, sino que se enteró durante el programa, al ojear la información sobre las actividades humanitarias que lleva a cabo el *áshram*. Aunque, lógicamente, le era imposible reconocer el orfanato al ver las fotos de su estado actual, no le cupo la menor duda de que se trataba del mismo sitio al ver el nombre de la aldea de Kérala en la que se encuentra, y se quedó boquiabierto al ver las fotografías de un maravilloso hogar en el que se ofrecían educación y cuidados de elevado nivel. Lo que para él había sido un auténtico infierno, había sido transformado en un paraíso para los que llegaron después. Pero aún no era demasiado tarde para ese joven – porque el paraíso había llegado a Holanda.

"Muchísimas gracias, Amma", murmuró ese huérfano ya hecho un hombre mientras se dejaba inundar de cariño por el abrazo de Amma. "Son tantos los malos recuerdos que tengo de aquellos años en aquel orfanato que ahora me siento feliz al ver que tú te has hecho cargo y lo has transformado. Ahora sé que el hecho de perder a mis padres y de venir a vivir a Holanda tenía razón de ser – que mi destino era conocerte aquí hoy".

Todos los proyectos humanitarios de Amma se asemejan entre sí en que son una respuesta espontánea a las necesidades de la gente. A mediados de los años noventa vinieron a verla un grupo de mujeres de una aldea cercana y le contaron que vivían en cabañas de caña; que algunas tenían hijas solteras aún viviendo con ellas y que una de estas jóvenes había sido agredida por un merodeador. Como en las cabañas no había puertas que se pudieran cerrar, no tenían forma de protegerse ni a sí mismas ni a sus hijos, y en particular a sus hijas mayores. Entonces Amma decidió que se debían empezar a construir casas gratuitas cerca del *áshram* y, en 1996, se inauguró el complejo de hogares gratuitos *Ámrita Kutíram* gracias al cual, hasta la fecha, se han erigido más de 30.000 casas de un total previsto de 125.000.

Cuando otras familias le informaron de que no podían afrontar sus gastos al haber quedado discapacitado el familiar que constituía su única fuente de ingresos o a causa de otras dificultades, Amma decidió iniciar el programa de pensiones *Ámrita Nidhi* que, en la actualidad, cuenta con más de 50.000 pensionistas por toda la nación india.

De forma semejante, también están las medidas sanitarias – en Kérala, las listas de espera para una operación de corazón eran tan largas que muchos pacientes morían antes de ser atendidos, aunque pudieran pagársela ellos mismos. Hoy en día, muchos miles vienen a Amma como último recurso y ella les escucha y responde a sus plegarias. Por toda la India hay muchas sucursales del *áshram* que incluyen centros de atención primaria gratuita. En el *áshram* de Amritapurí se encuentra un hospital benéfico que atiende a miles de pacientes cada semana. Cerca de Mumbai hay una residencia para enfermos terminales de cáncer; en Trivándrum hay un centro de atención a enfermos de SIDA así como un hospital benéfico para los paupérrimos grupos tribales de las remotas zonas montañosas del norte de Kérala. Los servicios de asistencia social abarcan desde visitas a enfermos terminales en su propio domicilio hasta hospitales de campaña para enfermedades neurológicas y tratamientos gratuitos para la epilepsia y la diabetes. El AIMS (*Amrita Institute of Medical Sciences and Research Center*), hospital con tecnología puntera creado por Amma en Kochi, en el estado de Kérala, con capacidad para 1.200 camas, se dedica a proporcionar tratamientos de calidad a cualquier enfermo, pueda éste costeárselos o no.

Aunque el orfanato constituye el punto de partida de la obra social que Amma ha desarrollado a gran escala, si analizamos en detalle los múltiples servicios sociales desarrollados por el *Mata Amritanandamayi Math* podremos observar que no son más que una ampliación de lo que lleva haciendo Amma desde que era niña – cuidar de los ancianos, de los pobres, de los abandonados, de los que sufren.

Pero por muy extensa que sea su red de actividades, Amma se mantiene firmemente a disposición de los que más necesitan de su cariño y su compasión. A pesar de estar rodeada de tanto éxito, Amma jamás ha dejado de dar *darshan*. Aunque se tenga que pasar toda la noche leyendo el correo, encabezando reuniones y hablando por teléfono, se pasa los días cuidando de sus hijos con sus propias manos y, animados por su ejemplo, miles de personas se dedican a servir a los pobres, los enfermos, los desesperados – de esa manera, sus manos se han multiplicado inmensamente.

Algunos se deben preguntar cómo puede haber logrado Amma tantas cosas en tan poco tiempo. En parte, la respuesta es que, gracias al ejemplo sin parangón con el que predica, sus voluntarios sienten con más entusiasmo para entregarse más que quizás otros. Un miembro de una ONG de Tamil Nadu que estaba supervisando las labores de ayuda a las víctimas del *tsunami* comentó muy asombrado que, de la docena de ONGs que colaboraban en dicha zona, la de Amma era, con mucha diferencia, la más eficaz y la más eficiente. En parte también, la respuesta está en cómo gasta Amma el dinero que recibe. Dado que la gerencia de las tareas sociales de Amma es, en su casi totalidad, una labor de voluntariado, hay muy pocos gastos estructurales. Pero es que, además, Amma siempre se ha preocupado mucho de reducir al mínimo el desperdicio de material tanto en el *áshram* como en todas sus instituciones, desde un puñado de arroz hasta un equipo electrónico de tecnología punta. En cambio, en la mayoría de instituciones de semejante envergadura, hay una enorme cantidad de material desperdiciado y de gastos innecesarios. Amma, por su parte, ha inculcado una sólida ética de conservación en toda su organización, hasta el punto de que nadie quiere coger más de lo que necesita para sí mismo, sabedores de dónde proceden los fondos y a quién van destinados. Nadie tira nada que se pueda usar o reciclar.

Hace poco uno de los residentes del *áshram* compró un equipo electrónico para el departamento de audio y vídeo pero, cuando Amma se enteró de lo que había costado, le preguntó al residente si ese aparato era realmente necesario. Seguidamente, le dijo que, a partir de ese momento, anotara cuánto tiempo utilizaba cada máquina cada día y le pasara un informe semanal al respecto.

A Amma no se le escapa nada, ni el más mínimo detalle. Un día de la gira por Norteamérica de 2006, después de haber dado *darshan* en su *áshram* de San Ramón, en California, Amma dio todo un rodeo para poder pasar por la cocina de la casa en la que se hospedaba junto a los *swamis* y algunos residentes de dicho *áshram*. Al pasar por delante del cubo de compost, se paró y metió la mano dentro, momento en el que uno de los que hacían la gira intentó evitarlo diciéndole: "No te preocupes, Amma, ahí no hay nada".

"¿Y tú cómo lo sabes?", le preguntó ella al tiempo que sacó de dicho cubo lo que tenía todo el aspecto de ser una barra de pan en perfecto estado. Se la quedó mirando y dijo: "¿Quién puede haber tirado esto? No se nos debe olvidar nunca que hay mucha gente que no tienen ni esto para comer cada día. No se debe tirar nunca la comida y menos en un *áshram*".

Al empezar a crecer la Universidad *Ámrita* que ella misma creó, Amma se enteró de que, en el comedor de los estudiantes, se generaba gran cantidad de desperdicios alimenticios. Cuando tuvo oportunidad de dirigirse a todos ellos en bloque, sacó a relucir dicha cuestión y, de la noche a la mañana, se redujeron drásticamente los desperdicios.

Amma siempre nos dice: cuando tiréis comida, recordad siempre los millones de niños que hoy no van a tener nada decente que comer. Cuando os gastéis dinero innecesariamente, recordad a los que se están retorciendo de dolor porque no tienen ni para comprarse un calmante. Y, a continuación, siempre recalca que debemos recordar de dónde procede el dinero del *áshram*. Por ejemplo, a unos 300 km al norte del *áshram* hay algunos devotos que trabajan en una cantera de granito pero que no se pueden permitir venir al *áshram* cuando les apetece. Sin embargo, cada semana, al cobrar el jornal, salen corriendo hacia la oficina postal antes de que cierre. Cuando el jefe les pregunta por qué tienen tanta prisa, su respuesta es: "Queremos enviarle a Amma una parte de nuestro jornal".

Hace algunos años, un matrimonio pobre procedente de otro distrito de Kérala llegó al *áshram* acarreando un enorme saco de arroz. Algunos *brahmacharis* les ayudaron a sujetarlo hasta que la pobre pareja llegó al *darshan*. Entonces, le hicieron entrega a Amma del saco y le dijeron: "Tenemos una tienda de lotería con la que a duras penas nos ganamos la vida pero, aún así, siempre hemos soñado con poder participar, de alguna forma, con la labor social de Amma. Por eso hemos estado haciendo horas extra los últimos tres meses y hasta nos hemos privado de una comida al día para poder ahorrar dinero. Aunque teníamos muchas ganas de ver a Amma, nos hemos aguantado sin venir hasta ahora para no gastarnos todo el dinero en el viaje y no poder ofrecer nada. Pero, con los ahorros de varios meses, hemos conseguido reunir lo suficiente. Entonces, de camino aquí, hemos parado a comprar un saco de arroz y le rogamos a Amma que lo utilice para dar de comer a los pobres".

Al escuchar su explicación, a Amma se le saltaron las lágrimas. El servicio no está reservado a los ricos sino que hasta los relativamente pobres pueden hacer lo que esté en su mano en favor de los menos afortunados. Esto me recuerda una historia preciosa de la gran epopeya *Ramáyana* que Amma suele utilizar para ilustrar esta verdad.

Sri Rama, al enterarse de que Sita, su querida consorte, había sido raptada por Rávana, el rey demoníaco, y trasladada a su reino en la isla de Lanka, decidió salir a su rescate construyendo un puente desde el extremo más al sur de la India hasta dicha isla. El grueso de la mano de obra estaba formado por su ejército de monos al mando de Hánuman, su mayor devoto. Sin embargo, los monos no eran los únicos que trabajaban. En un momento que el Señor supervisaba las obras del puente, se percató de que una pequeña ardilla listada iba y venía a toda velocidad del puente a la costa y viceversa, correteando por entre las piernas de los monos que transportaban a hombros unos enormes bloques de piedra para la construcción del puente. Pero, al fijarse mejor, Sri Rama se dio cuenta de que los desplazamientos de la ardilla no eran al azar sino que, justo antes de alcanzar la costa, se tiraba al agua, nadaba como podía hasta la orilla y se rebozaba en la arena para, seguidamente, salir disparada hacia la zona de obras y sacudirse la arena del cuerpo sobre el puente. La ardilla realizaba esta operación una y otra vez, corriendo infatigablemente de un sitio al otro cientos de veces. Como a los monos les molestaba que esa ardilla anduviera correteando por ahí, intentaban sacarla a patadas hasta que uno de ellos le gritó: "¿Pero se puede saber qué estás haciendo?"

"Estoy ayudando a construir el puente para salvar a Sita Devi", le respondió la ardilla.

Todos los monos que oyeron la respuesta soltaron una enorme carcajada. "Gracias por el intento, pequeñaja", le dijeron en tono reprensor, "pero ¿cómo piensas que nos vas a ayudar? ¿No has visto el tamaño de las piedras que transportamos?"

"Es verdad que yo no puedo llevar tanto como vosotros pero quiero poner mi granito de arena porque sé que es muy noble lo que está haciendo el Señor y yo quiero hacer todo lo que pueda para servirle".

Los monos no la hicieron caso y siguieron trabajando. Al final del día, fueron a informar a Sri Rama de cómo iban las obras pero él no tenía ganas de que le contaran sus hazañas sino que les pidió que le trajeran a aquella ardilla. "¿Para qué querrá nuestro Señor ver a esa inútil?", se preguntaron pero, como no se atrevían a desobedecerle, se la trajeron. El Señor la cogió entre sus manos con todo cariño y dijo: "No os dais cuenta, mis queridos monos, de que el puente se vendría abajo sin la arena que hay acumulada entre los bloques de piedra. Nunca menospreciéis a los débiles o lo que hagan los que no son tan fuertes como vosotros. Cada cual aporta aquello de lo que es capaz y la ayuda de alguien nunca resulta inútil". Cuando el Señor le acarició el lomo a la ardilla con tres de sus dedos, al animalillo le aparecieron las tres rayas características de la ardilla listada – un eterno recordatorio de que Dios quiere a los pequeños y los débiles y se preocupa especialmente por ellos.

Amma siempre dice que las personas a las que están destinadas sus obras benéficas no son los únicos que se benefician de ellas sino también todos aquellos que participan en cada una de las etapas del proceso, ya sea de forma espiritual o material, o ambas. Por ejemplo, los devotos de Amma hacen distintas cosas – productos de artesanía, engarzado de cuentas, tarjetas de felicitación, guirnaldas de flores – y se las ofrecen a ella. Como lo hacen por amor y no esperan ninguna recompensa a cambio de su esfuerzo, para ellos esa labor se convierte en *karma yoga*[21]. Seguidamente, Amma bendice lo que le regalan y, entonces, otros devotos compran esas cosas como *prasad*. Amma supervisa rigurosamente y da instrucciones a los encargados de distribuir el dinero para los proyectos humanitarios del *áshram* con el fin

---

[21] Literalmente, *karma* significa "acción", y *yoga* significa "unión", la unión entre el alma individual y el alma Suprema. Por tanto, *karma yoga* significa alcanzar dicha unión haciendo cosas de forma desinteresada.

de asegurarse de que va dirigido a la gente que realmente se lo merece. Por lo tanto, tanto los que confeccionaron los productos como los que aportaron su dinero al comprarlos acumulan *punya*, es decir, méritos, porque ese dinero se invierte en atender a los necesitados. Al mismo tiempo, los beneficiarios pueden disfrutar del dinero – la ayuda de Amma suele ser para ellos un renacer. Por último, los que se encargan de repartir el dinero ven incrementarse su concienciación y discernimiento. Amma dice que, de no hacerlo así, es como hacer *árchana* (adoración) sin sinceridad ni devoción – es como quitar las flores de un sitio y ponerlas en otro. Pero si utilizamos el dinero concienciados de que debe beneficiar a los que más se lo merecen, eso se convierte en un acto de adoración. En palabras de Amma: "Dios no está sentado en un trono dorado en el cielo. Dios está presente en todos los seres y en todos los objetos de la creación, y la auténtica forma de adorarlo es ayudando a los pobres y los necesitados de la manera que se pueda".

Un día del principio de la gira de Amma por Norteamérica del año 2006, vino al *darshan* una niña de siete años de Eugene, Oregón, llamada Amritavárshini. Al llegar ante Amma, le colocó cuidadosamente alrededor del cuello una guirnalda. Pero no era una guirnalda de flores sino de dólares – 200$ para ser exactos – todos sus ahorros.

Cuando Amma la abrazó, la niña empezó a llorar y, entonces, le dio a Amma una carta que había escrito a principios de semana con ayuda de su madre:

Querida Amma:

¿Cómo podemos curar a los enfermos de todo el mundo? ¿Cómo puede comprender el mundo que estamos unidos en la armonía para que la gente deje de tirarse bombas entre sí? ¿Qué podemos hacer para que desaparezcan la esclavitud y el racismo? Todo esto me pone muy

triste. Por favor, dale este dinero al mundo que está enfermo. Por favor, cuida de todos los enfermos y los pobres.

Te quiere,
Amritavárshini

Amma les dijo a madre e hija que se sentaran a su lado. "¿Por qué lloras?", le preguntó a la niña. Intentando aguantarse las lágrimas, la niña respondió: "Quiero traer la paz al mundo". La madre le explicó a Amma que, una semana antes, al llegar a casa, se encontró a su hija llorando y, al preguntarle qué le pasaba, la niña le dijo que era por culpa de la esclavitud, las guerras, la enfermedad y la pobreza que hay en el mundo y, entonces, añadió que quería que todo el dinero que tenía en su cuenta de ahorro fuera a parar a manos de Amma para ayudarla con sus labores humanitarias. La madre sacó todo el dinero de la cuenta menos los cuarenta dólares que son el mínimo obligatorio para mantener la cuenta abierta, pero Amritavárshini insistió que ese resto también fuera a parar a Amma.

"Niños así son una esperanza para el mundo", les dijo Amma a todas las personas que estaban a su alrededor mientras le secaba las lágrimas a la niña. "Tenemos que arrodillarnos e inclinarnos a los pies de niños como ella. Estos niños son los que van a cambiar el mundo... ¡Ojalá se cumplan sus deseos inocentes!" ❈

Capítulo 18

De querer a amar

A los seres humanos hay que conocerlos para quererlos;
pero a los seres divinos hay que quererlos para conocerlos.

– Blaise Pascal

Aunque un agricultor quiera cosechar distintos productos, siempre se fijará en cómo es la tierra que va a cultivar porque sabe que eso constituye el substrato y el factor determinante para que crezcan las plantas. De forma semejante, Amma siempre nos recuerda que, sea lo que sea lo que estemos haciendo, siempre debemos intentar pensar en el Ser supremo. Por esa razón, al concluir la meditación, con frecuencia nos pide que roguemos que todas nuestras acciones se conviertan en un acto de adoración a la Madre Divina:

Querida Madre Divina,
Que todo lo que yo diga sea para alabarte.
Que todo lo que haga sea para adorarte.
Que todo lo que coma sea una ofrenda a ti.
Que con cada respiración me venga el dulce recuerdo de ti.
Que cada paso que dé sea para acercarme más a ti.
Que allá donde me tumbe, sea una postración a tus pies de loto.

Amma dice que la manera más fácil para que todo lo que hagamos se convierta en un acto de adoración consiste en hacer las cosas con cariño – y nos lo dice desde su propia experiencia de ver la divinidad en todas las personas y en todos los objetos de la creación. El amor de Amma impregna todos y cada uno de sus pensamientos, palabras y acciones. Este amor es lo que le permite concentrarse tan perfectamente y lo que transforma todo lo que ella hace en un acto de adoración. Por regla general, la intensidad de nuestra concentración y la calidad de lo que hacemos es directamente proporcional al cariño que le tenemos al objeto en que nos estamos concentrando. Por ejemplo, cuando vemos una película que nos resulta interesante, nos quedamos completamente absortos en ella y nos olvidamos de dónde estamos y hasta de nuestras necesidades fisiológicas. Pero, si la película es mala, se nos hace interminable y nos sentimos inquietos.

Después de romper con su novia, el chico le pidió que le devolviera todas las cartas de amor que le había escrito. "¡Pero si ya te he devuelto el anillo que me regalaste!", protestó la mujer. "¿Es que crees que me aprovecharé de las cartas para llevarte a juicio?"

"¡Qué va!", le aseguró el hombre. "No es por eso. Es porque tuve que pagarle veinticinco dólares a uno para que las escribiera por mí y quizás tenga que volver a usarlas".

¿Te has preguntado alguna vez por qué decimos "te quiero" en lugar de "te amo"? Cuando *queremos* a alguien, ese exceso de apego y esa actitud posesiva hacia el objeto de nuestro afecto nos hace perder nuestra capacidad de discernimiento y tomar decisiones precipitadas que lamentaremos más adelante. Nuestro cariño siempre contiene un rasgo de apego egoísta y, por regla general, la persona de la que nos enamoramos también está apegada a nosotros (de lo contrario, eso es una causa más de sufrimiento). Sin embargo, cuando sentimos amor por un auténtico maestro espiritual, aunque al principio pueda tratarse de un amor imperfecto lleno de expectativas y de apegos, el maestro nos ayudará a transformarlo en un amor incondicional y desinteresado. Por tanto, más que a *quererlo*, el maestro lo que nos ayuda es a *amar* hasta tal nivel que nos acabemos estableciendo en la conciencia del Ser.

Amma dice: "Hoy en día, el mundo considera que la relación más elevada que puede haber es la de madre e hijo. Pero en mi mundo, no es así – es la relación entre *guru* y discípulo. Cuando se comprende la espiritualidad, uno se expande y desaparece el concepto de posesión – *mi* madre, *mi* padre, *mi* hijo, *mi* familia... En la relación *guru*-discípulo, todo pasa a ser 'Tuyo' (del Señor). Desaparece el yo y no existe más que el *Atman*. Ama y sirve a los demás viendo en ellos tu propio Ser. Cuando duele la mano izquierda, la mano izquierda se apresura a consolarla. Ésa es la actitud que debemos tener en la vida".

Pocos años atrás, mientras Amma estaba en Ginebra recogiendo el Premio Gandhi-King a la no violencia y pronunciando un discurso en la cumbre de mujeres líderes espirituales, en el exterior del recinto se desarrollaba una actividad en la que todos los participantes, con una vela en la mano, tenían que mantenerse de pie en medio del césped en un determinado orden para que, a vista de pájaro, todo el grupo formara la palabra PEACE (paz en inglés). Sin embargo, nada más bajarse Amma del escenario, sus devotos la rodearon y la A se transformó en una ilegible marea de cabezas. Aunque Amma insistió una y otra vez en que regresaran a sus puestos, eso era pedirles algo que no estaban dispuestos a acatar y, se pusiera ella donde se pusiera, todo el grupo la seguía. Como es de imaginar, los demás participantes permanecían de pie en sus puestos formando perfectamente las letras mientras que, en torno a Amma, se mantenía una densa maraña de personas.

En un principio, el coordinador del acto se sintió algo molesto y empezó a pedirles a todos a pleno pulmón: "¡Chicas, chicos! ¡Que tenemos que formar una palabra!", pero no tardó en darse cuenta de que, para los devotos de Amma, la ilusión de estar cerca de ella era muy superior a la de participar en dicho acto.

Al final, el hombre se dio por vencido y, optando por aceptar lo que estaba sucediendo, se le ocurrió una solución muy aguda: "Bueno pues, ya que parece que os gusta mucho formar círculos, ¿por qué no formáis el punto al final de la palabra?". Cuando se lo contaron a Amma, ella se echó a reír y condujo animosamente a sus hijos al final de las demás letras. Una vez concluido dicho acto, un periodista que había presenciado todo lo acontecido aquella tarde le preguntó a Amma: "¿Toda esta gente la idolatra?". Ella dijo amablemente 'no' con la cabeza y, señalando a todos los presentes, contestó: "No, es justo lo contrario – es Amma quien los idolatra a todos".

Para Amma nada ni nadie es insignificante. Su compasión es como las olas del mar – se lanza a acariciar los pies de todo aquel que tenga la suerte de cruzarse con ella. En el transcurso de la gira del año 2006 por el norte de la India, delante del coche de Amma se cruzó un borracho dando tumbos en medio de la carretera y ella le dijo al *brahmachari* que conducía que parara el coche. El borracho pasó al lado del coche tambaleándose hacia delante y hacia atrás y, al pasar al lado del siguiente vehículo del *áshram*, se dio tal porrazo contra él que rebotó y prosiguió su camino.

Entonces Amma le dijo al conductor que reanudara la marcha pero, a los pocos metros, le volvió a ordenar que parara, abrió su puerta del coche, se bajó a la carretera y le gritó a uno de los *brahmacharis* que iba en el coche siguiente: "Está completamente borracho. Ve a por él y sácalo de la carretera, y haz que se siente en algún sitio. Busca a la gente del pueblo y diles que se hagan cargo de él". El *brahmachari* dio media vuelta y, siguiendo las indicaciones de Amma, salió en busca del borracho.

En el *Soundarya Lahari* de Adi Shankaracharya hay un verso que dice: "¡Que tu mirada de larga echadura – cuyos ojos están apenas entreabiertos como un loto azul al inicio de su floración – inunde con tu gracia a un ser despreciable y remoto como yo.

Como la luna que, con sus refrescantes rayos, ilumina indistinta-
mente la mansión y la jungla, eso a ti, ¡oh, Shive (Madre Divina,
consorte de Shiva)!, no te supondrá nada mientras que, para esta
persona, constituirá una gran bendición".

En la gira europea del año pasado, de camino a Finlandia,
Amma hizo noche en el nuevo centro de Alemania – una finca
ecuestre rehabilitada ubicada en la cima de una colina que disfruta
de unas hermosas vistas del pueblo que la rodea y de los verdes
pastos por donde galopan los caballos. A la mañana siguiente,
antes de salir hacia el aeropuerto, decidió pasar un rato con los
residentes del centro y dar de comer a los caballos. Era una mañana
de un cielo radiante.

Después de dar de comer a los caballos, Amma volvió a entrar
al edificio para darles *prasad* a los residentes y demás devotos que
se habían acercado hasta allí.

"Anoche Amma pensaba que pasaría todo el día con vosotros
aquí", les dijo a los devotos explicándoles que no sabía que se tenía
que marchar al mediodía para coger el avión a Finlandia. "Amma
tenía planeadas tantas cosas para hacer con vosotros hoy – daros
de comer, cantar *bhajans*, dar un paseo, meditar al aire libre...".

"Otorgar la liberación...", añadió un devoto con una sonrisa.
Aunque la intención fue de que hacer un comentario jocoso, la
respuesta de Amma fue profunda, como suele suceder.

"Todo lo que Amma hace es únicamente para eso. Al pasar
tanto tiempo con las *gopis* de Vrindavan – jugando con ellas,
gastándoles bromas, quitándoles la mantequilla y la leche – lo que
hacía realmente Sri Krishna era robarles el corazón. Y eso es lo que
hace Amma cuando pasa un rato con todos vosotros. Deposita
una perla especial en vuestro interior para que os acordéis de ella
dondequiera que vayáis y hagáis lo que hagáis.

Por lo general, cuando iniciamos una labor larga y complica-
da, estamos muy tensos todo el tiempo y el único momento de paz

que tenemos es cuando pensamos: 'Cuando haya acabado todo este trabajo, podré descansar'. Al crearles recuerdos a los devotos, muy al fondo estarán siempre pensando en Amma hagan lo que hagan". Y añadió que dichos pensamientos – cuando el discípulo recuerda los momentos que ha pasado con su *guru* – son momentos de paz y tranquilidad.

A continuación, Amma explicó que, en el camino del *advaita* (no dualidad), se intenta considerar que el mundo es una prolongación de uno mismo mientras que, en el camino de la *bhakti* (devoción) el devoto intenta percibir que la totalidad del mundo es su amado Señor, o su *guru*. No es que estos caminos sean distintos sino que son dos formas ligeramente distintas de ver lo mismo. "Hoy en día, la gente va corriendo a escuchar conferencias sobre *Vedanta* pero, nosotros, lo que intentamos es *vivir* el *Vedanta*", les dijo Amma haciendo alusión a su insistencia en que los devotos sirvan al mundo considerándolo una prolongación de Amma o una prolongación de su propio Ser.

"En realidad, la relación *guru*-discípulo es la relación entre el *jivatman* y el *Paramatman*, el ser individual y el Ser supremo. En realidad, son exactamente lo mismo. Cuando nos acercamos a un río, nos parece que hay dos orillas pero lo cierto es que esas dos orillas son exactamente lo mismo en el fondo del río. Cuando quitemos el agua [el ego], nos haremos conscientes de esa verdad".

Y llegó la hora. Amma tenía que marcharse a Finlandia. Esos instantes en que el coche recorría lentamente el terreno del centro hacia la salida fueron idénticos a la escena de su partida de Amritapurí, en Kérala. Amma bajó la ventanilla del coche y sacó el brazo para poder ir rozando las manos de todos los devotos que se habían colocado a lo largo de todo el camino de salida.

Con estos momentos tan preciados que nos regala para recordar y contemplar, Amma consigue que nuestra práctica espiritual sea relativamente fácil. A los que veneran al Absoluto sin forma o incluso a los devotos de Dios les debe resultar mucho más difícil recordarlo que a nosotros a Amma. Cada vez que vemos a alguien vestido de blanco, la mente rápidamente piensa en ella y en la paz que sentimos en su presencia. Cuando nos sentamos a comer, recordamos las veces que nos ha servido la comida con sus propias manos. Cuando nos bañamos en un lago o en una piscina, nos acordamos de cuando nos hemos metido en el agua con ella. Cuando vemos a gente bailar, nos surge el recuerdo de verla bailar en éxtasis. Cuando nos ponemos a hacer algún trabajo físico que nos requiere gran esfuerzo, recordamos todas esas veces que Amma ha sido la primera en ponerse a hacer cosas que nadie quería hacer – desde pasar el aspirador por toda la sala al terminar el programa a cargar ladrillos y sacos de arena toda una noche. Cuando comemos un caramelo, nos recuerda a su abrazo. Cuando conocí a Amma, yo trabajaba en una oficina bancaria que estaba lejos del *áshram* y, cada vez que veía alguna matrícula del distrito de Kollam (donde vive Amma) o algún autobús que iba en aquella dirección, me acordaba de ella y me olvidaba de mí mismo. Son muchísimas las cosas sencillas que nos la pueden recordar y ésa es la ventaja de tener un maestro vivo. Cuando tiramos una piedra al agua, se hunde pero, si la ponemos encima de una tabla de madera sobre el agua, la piedra se mantendrá a flote. Eso es lo que ocurre cuando uno recurre a un auténtico maestro espiritual – que puede cumplir con sus responsabilidades en el mundo sin hundirse en lo ilusorio, en el apego y en el sufrimiento que ambos conllevan.

Después de esa visita que Amma hizo al centro de Alemania, miren donde miren, los devotos no verán más que hermosas perlas – sus recuerdos de la visita de Amma – unas perlas similares a las que Amma entrega a sus hijos por todo el mundo. Aunque se estuviera dirigiendo a los residentes del centro, esas mismas palabras podrían haber sido dirigidas exactamente igual a sus hijos de todo el mundo: "Haced servicio desinteresado acordándoos de Amma y recordad siempre que Amma y vosotros no son dos sino que, en esencia, son exactamente lo mismo". Para los hijos de Amma, esto es tanto el camino como la meta. Desde el primer paso que damos en este periplo empezamos a disfrutar de una paz interior desconocida para nosotros hasta entonces. Incluso nos olvidamos de nuestro deseo de alcanzar la liberación a medida que el amor que sentimos por el maestro nos va elevando igual que el ave fénix resucita de sus cenizas – las cuales son nuestros apegos, nuestros pesares, nuestras penas y nuestros miedos .

A veces, cuando conducía el coche de Amma en esas largas etapas a través de la India, me entraban ganas de poder ser el chófer que, en lugar de trasladarla de un sitio determinado a otro, la llevara en un viaje por el espacio infinito en el que nunca fuera necesario parar el coche ni alejarme de ella – para así poder servirla sin ningún tipo de interrupción. De modo parecido, cuando Amma nos coge de la mano y nos va conduciendo por el sendero espiritual, muchos nos encontramos con que no queremos que ese viaje termine nunca.

¡Que las bendiciones de Amma estén siempre con todos nosotros! ❖

Glosario

Advaita: literalmente, "no dos". Se refiere a la ausencia de dualidad, principio fundamental del *Vedanta*, la filosofía espiritual suprema del *Sanátana Dharma*.

Agami karma: Los resultados de todo lo que hacemos en nuestra vida actual.

Ámrita Kutíram: complejo de viviendas gratuitas subvencionado por el *Mata Amritanandamayi Math* para familias pobres. De momento se han construido y entregado más de 30.000 por toda la India.

Amritapurí: sede principal del *Mata Amritanandamayi Math*, ubicado en el lugar donde nació Amma en el estado indio de Kérala.

Amritavársham50: Celebración del 50 cumpleaños de Amma, en forma de encuentro internacional para el diálogo y la oración, que tuvo lugar en Cochín, en el estado indio de Kérala, en septiembre de 2003, y cuyo lema era: "Abrazar al mundo por la paz y la armonía". Cada uno de estos cuatro días de celebraciones reunieron a empresarios, pacifistas, educadores, líderes espirituales, asociaciones ecologistas, a las más destacadas personalidades de la política y de las artes de la India, así como a más de 200.000 personas diariamente, incluidos los representantes de cada uno de los 191 países miembros de las Naciones Unidas.

Amrita Vidyalayam: Escuelas primarias establecidas y administradas por el *Mata Amritanandamayi Math* dedicadas a entregar una educación basada en valores humanos. En el presente hay más de 50 *Amritavidyalayam* a través de toda la India.

Árati: Ritual que se realiza tradicionalmente al final de una ceremonia y que consiste en ondear un trozo de alcanfor ardiendo ante el objeto de culto. El *árati* simboliza la entrega porque, al igual que el fuego consume completamente al alcanfor sin dejar restos ni cenizas, el ego también se disuelve completamente cuando nos entregamos al *guru* o a Dios.

Árchana: Por lo general, este término se aplica al canto de los 108 ó 1000 nombres de alguna deidad (por ejemplo, *Lalita Sahasranama*).

Árjuna: Gran arquero y uno de los héroes de la epopeya del *Mahabhárata*. Árjuna es a quien Krishna instruye en la *Bhágavad Guita*.

Áshrama: Una etapa de la vida. Según los Vedas, la vida humana se divide en cuatro etapas.

Atman: El Ser o la Conciencia.

AUM (también "Om"): Según las escrituras védicas, es el sonido primordial del universo y la semilla de la creación. Todos los demás sonidos brotan de *Om* y se descomponen finalmente en *Om*.

Aum Amriteswaryai Namah[1]: *mantra* que utilizan los devotos de Amma para honrarla y que significa "Salutaciones a la Diosa de la Inmortalidad (Amma)".

Avadhuta: Santo cuya conducta no se ajusta a las normas sociales.

Bhágavad Guita: "Canto del Señor". Conjunto de enseñanzas que le dio el señor Krishna a Árjuna al iniciarse la guerra del *Mahabhárata*. Además de ser una guía práctica para afrontar cualquier crisis en nuestra vida personal o social, constituye la esencia de la sabiduría védica.

Bhajan: canción devocional.

Bhava: actitud o estado de identificación.

Brahmachari: discípulo varón y célibe que sigue alguna disciplina espiritual bajo la guía de su maestro. (f. *brahmachárini*).

Brahmacharya: Celibato y control de los sentidos en general.

---

[1] Pronunciado *Om Amritesvarié namahá*. N. del T.

Brahman: la Realidad suprema, más allá de cualquier atributo. El sustrato omnisciente, omnipotente y omnipresente del universo.

Darshan: Encuentro con un/a santo/a. Visión de la Divinidad.

Devi: Diosa. La Madre Divina.

Devi bhava: "Estado divino de identificación con la *Devi*". Estado en el que Amma revela su unión e identidad con la Madre Divina.

Dharma: En sánscrito significa "lo que mantiene (la creación)". En su acepción más corriente designa la armonía del universo. Entre otros significados están los de rectitud, deber, responsabilidad.

Duryódhana: El mayor de los cien hermanos Káurava. A Yudhístira, el hermano mayor de los Pándava, le usurpó el trono que le correspondía por línea dinástica. Por culpa de su odio a los Pándava y su famoso rechazo a concederles ni una brizna de hierba, fue inevitable que estallara la guerra del *Mahabhárata*.

Gñana: Conocimiento.

Gopi: Las *gopis* eran las lecheras que vivían en Vrindavan, la ciudad natal de Krishna. Ardientes devotas de éste, constituyen el paradigma del más intenso amor por Dios.

Guita dhyanam: Literalmente, "meditación en la *Guita*", es un canto que se entona, tradicionalmente, antes de iniciar el estudio de la *Bhávagad Guita* y que la exalta.

Gurukula: Literalmente, "clan del *guru*". Internado tradicional en el que los niños viven con un *guru* que les imparte conocimientos tanto académicos como de las escrituras al tiempo que los forma en los valores espirituales.

Japa: repetición de un *mantra*.

Jiva o jivatman: El alma individual. Según el *Advaita Vedanta*, el *jivatman* no es un alma individual limitada sino que es exactamente lo mismo que *Brahman*, también llamado

Paramatman, el Alma Suprema, causa tanto material como inteligente del universo.

Karma: Acciones conscientes. También, la concatenación de efectos producidos por nuestras acciones.

Káurava: los 100 hijos del rey Dhritharasthra y la reina Gandhari, el mayor de los cuales era el malvado Duryódhana. Los Káurava eran los enemigos de sus primos, los virtuosos Pándava, con los que se enfrentaron en la guerra del *Mahabhárata*.

Krishna: La principal encarnación de Vishnu. Nacido en una familia real, se crió con padres adoptivos y, durante su juventud, cuidaba de los rebaños de vacas en Vrindavan, donde le adoraban y veneraban con devoción sus compañeros vaquerizos – las *gopis* y los *gopas*. Más adelante, fundó la ciudad de Dwáraka. Fue amigo y consejero de sus primos, los Pándava, y en especial de Árjuna, para el que hizo de auriga durante la guerra del *Mahabhárata* y al que reveló sus enseñanzas dando, así, forma a la *Bhágavad Guita*.

Lalita sahasranama: Los mil nombres de la Madre Divina.

Lila: juego divino.

Mahabhárata: Una de las dos grandes epopeyas históricas de la India (la otra es el *Ramáyana*). Es un gran tratado sobre el *dharma*. Su tema central es el conflicto entre los virtuosos Pándava y los perversos Káurava, así como la gran guerra que tuvo lugar en *Kurukshetra*. Con un total de cien mil versos, es la mayor epopeya en verso del mundo y fue escrita en torno al año 3.200 a.C. por el sabio Veda Vyasa.

Mahatma: Literalmente, "gran alma". Aunque, en la actualidad, a este término se le da un uso más amplio, la acepción utilizada en este libro es la de aquel que está establecido en el conocimiento de su plena identificación con el Ser universal o *Atman*.

Mata Amritanandamayí Devi: Nombre monástico y oficial de Amma que significa "Madre de la dicha inmortal". Suele ir precedido por el prefijo auspicioso *Sri*.

Mukti: Literalmente, "Disolución final de todos los pesares". Se refiere a la liberación del *jiva* (alma individual) del ciclo de la reencarnación, la cual se alcanza cuando el *jiva* toma conciencia de que el *Paramatman* (Alma Suprema) es su auténtica identidad.

Pada puja: ritual de lavarle los pies, o sus sandalias, al *guru* en señal de amor y respeto. Generalmente, en este acto se utiliza agua pura, yogurt, *gui* (mantequilla clarificada), miel y agua de rosas.

Papa: Los deméritos que se acumulan a causa de las conductas indebidas y cuya acumulación constituye la causa del sufrimiento del individuo.

Pándava: Los cinco hijos del rey Pandu, héroes de la epopeya del *Mahabhárata*.

Prarabdha: Los frutos de las acciones realizadas en vidas anteriores y que constituyen el destino que se tiene que experimentar en esta vida.

Prasad: Ofrenda o regalo bendecido por una persona santa o en un templo, generalmente en forma de alimento.

Puja: Ritual o ceremonia de veneración.

Punya: Méritos que se acumulan como consecuencia de las buenas acciones y que constituyen la causa de la felicidad del individuo.

Rama: El héroe de la epopeya del *Ramáyana*. Encarnación del Dios Vishnu. Es considerado el ideal del *dharma* y de las virtudes.

Rávana: Poderoso rey demoníaco. Vishnu decidió encarnarse como Rama para matar a Rávana y devolver la armonía al mundo.

Rishis: Videntes o sabios conscientes de su identificación con el Ser absoluto que perciben los *mantras* en meditación.

Sádhana: Prácticas espirituales.

Sádhana pánchakam: Literalmente, "Cinco estrofas sobre la vida espiritual". Durante los últimos días de su corta vida, los discípulos le pidieron a Adi Shankaracharya que les resumiera los principios esenciales de las escrituras del *Sanátana Dharma*. En respuesta a su súplica, de los labios del maestro surgió espontáneamente este poema que consta de cinco cuartetos, cada uno de los cuales incluye dos instrucciones o consejos. En su totalidad, el poema es como una escalera de cuarenta escalones que nos conduce hacia el reino de Dios.

Samadhi: Literalmente, "cesación de toda oscilación mental". Estado trascendental en el que el yo individual se funde con el Ser supremo.

Samsara: El ciclo de la reencarnación.

Sanchita karma: La totalidad de los resultados de las acciones que hemos realizado en las vidas pasadas.

Sanátana dharma: "La eterna forma de vida". Término original y tradicional para designar al hinduismo.

Sannyasi: Monje que ha tomado los votos de renuncia (*sannyasa*). Tradicionalmente, los *sannyasis* se visten de ocre porque ese color representa la cremación de todos los deseos. En femenino, el término es *sannyásini*.

Soundarya Lahari: Poema de Shankaracharya en el que describe la "extasiante belleza" de la Devi.

Satguru: Literalmente, "verdadero maestro". Todos los *satgurus* son *mahatmas* pero no todos los *mahatmas* son *satgurus*. *Satguru* es aquel que, aun sin dejar de experimentar la dicha del Ser, opta por descender al nivel de la gente corriente con el fin de ayudarlos a avanzar espiritualmente.

Sátsang: Estar en comunión con la Verdad suprema. También, estar en compañía de *mahatmas*, escuchar una charla o discurso espiritual, y participar en prácticas espirituales en grupo.

Seva: Servicio desinteresado cuyos resultados se entregan a Dios

Shunkuracharya: *Mahatma* que, mediante sus obras, reestableció la supremacía de la filosofía *Advaita Vedanta* del no dualismo en una época de declive del *Sanátana dharma*.

Shiva: Venerado como la figura originaria y más destacada del linaje de los *gurus* así como el sustrato informe del universo en relación con la *Shakti* creadora, Shiva es el Dios de la destrucción (del ego) en la trinidad de Brahma (Dios de la creación), Vishnu (Dios de la preservación) y Shiva. Se suele representar en forma de monje con todo el cuerpo cubierto de cenizas, con serpientes por entre sus cabellos, vestido sólo con un taparrabos y con una vasija para las limosnas en una mano y un tridente en la otra.

Sita: Sagrada consorte de Rama. En la India se la considera el ideal de la feminidad.

Srimad Bhágavatam: Texto devocional en el que se detallan las distintas encarnaciones del Dios Vishnu, aunque resaltando especialmente la vida de Sri Krishna. Lo escribió el sabio Veda Vyasa una vez terminado el *Mahabhárata*.

Tapas: austeridades, sacrificio personal.

Upanishad: Las partes de los Vedas que tratan de la filosofía del no dualismo.

Vairagya: Cualidad del desapasionado, en especial hacia todo lo que es perecedero – es decir, la totalidad del mundo visible.

Vásana: Tendencias latentes o deseos sutiles presentes en la mente que se manifiestan en forma de acciones y hábitos.

Vedanta: Literalmente, "el fin de los Vedas". Término que hace referencia a las Upanishads, las cuales constituyen un tratado sobre *Brahman*, la Verdad suprema, así como sobre el camino para establecerse uno en Ella.

Vedas: Son las escrituras más antiguas. No fueron compuestas por ningún autor humano sino "reveladas" a los *rishis* en profundo estado de meditación. Los *mantras* que los componen han existido en la naturaleza desde siempre en forma de vibraciones sutiles que los *rishis* pudieron percibir al alcanzar un profundo estado de absorción.

Viveka: Discernimiento, en particular, el discernir entre lo permanente y lo perecedero.

Viveka chudámani: Literalmente, "Joya suprema del discernimiento". Texto de Adi Shankaracharya que constituye una introducción al Vedanta.

Yagña: Sacrificio, en el sentido de ofrecer algo como acto de adoración o de hacer algo para beneficio tanto personal como de la comunidad.

Yoga: Literalmente, "unir". Unión con el Ser supremo. Término de múltiples acepciones que también se aplica a los distintos métodos prácticos para alcanzar la unión con la Divinidad. Camino que conduce hacia la conciencia del Ser.

Yoga Vasishtha: Texto muy antiguo que se sirve de historias para tratar sobre la filosofía del no dualismo. Tradicionalmente, se atribuye su autoría a Válmiki, autor del Ramáyana.

*9 7 8 1 6 8 0 3 7 6 8 6 9 *